Sergej O. Prokofieff

Der Osten im Lichte des Westens

SERGEJ O.
PROKOFIEFF

DER OSTEN IM LICHTE DES WESTENS

ZWEI ÖSTLICHE STRÖMUNGEN IM 20. JAHRHUNDERT AUS DER SICHT DER CHRISTLICHEN ESOTERIK

TEIL I

VERLAG
AM GOETHEANUM

Aus dem Russischen von Ursula Preuß

Gestaltung von Gabriela de Carvalho

Gesamtherstellung:
Freiburger Graphische Betriebe
ISBN 3-7235-0643-7

Inhalt

Vorwort

Im Jahre 1991 wurde in vielen Ländern der Erde, wo eine Theosophische Gesellschaft besteht, der hundertste Todestag von H. P. Blavatskij (1831–1891), ihrer Begründerin, gefeiert. Wiederholt hat sich Blavatskij, besonders in ihren letzten Lebensjahren, auf die hinter ihr stehenden und sie unterweisenden indisch-tibetischen okkulten Lehrer berufen, die sie Mahatmas nannte. Zwei von diesen wurden in der Theosophischen Gesellschaft ganz besonders verehrt. In der zweiten Hälfte des 20. Jahrhunderts unternahm man deshalb wiederum mehrfach den Versuch, mit ihnen Kontakt aufzunehmen. Das gelang auch in einigen Fällen, woraufhin neue, von ihnen inspirierte okkulte Strömungen entstanden, die bis heute Beachtung finden, neben dem Interesse, das H. P. Blavatskij selbst und ihren Werken entgegengebracht wird. Zwei solcher Strömungen sollen eingehender betrachtet werden: einmal die okkulte Strömung von Agni Yoga, die von der Russin Helene Roerich begründet wurde, und zum anderen die okkulte Strömung, die etwa zur gleichen Zeit von der Engländerin Alice Bailey ins Leben gerufen wurde – auf die der Name „New Age“ zurückgeht. Im vorliegenden ersten Teil wird nur die erste der genannten Strömungen betrachtet.

Die Betrachtung der zweiten Strömung folgt in einem zweiten Teil, der später als gesonderte Ausgabe herauskommen wird.

Einleitung

Unter den okkulten Strömungen, die sich in den letzten Jahren in Rußland weit ausbreiteten und die sogar öffentliche Anerkennung fanden, nimmt diejenige, die auf das Ehepaar Helene und Nikolaj Roerich zurückgeht, einen besonderen Platz ein. Es gibt heute in Rußland, Lettland und Weißrußland eine Reihe offiziell registrierter Gesellschaften von N. Roerich, so zum Beispiel in Moskau, Petrosawodsk, Nowosibirsk, Riga und Minsk. Dort wird eine aktive verlegerische und propagandistische Tätigkeit entfaltet. Bücher und Zeitschriften werden herausgegeben, Symposien und Ausstellungen veranstaltet, kurz, das kulturelle, künstlerische und okkulte Erbe von N. und H. Roerich wird auf jede Art und Weise verbreitet und popularisiert.

Ein gewisses Interesse für das Vermächtnis der Roerichs hat auch das Ehepaar Gorbatschew gezeigt. Sie trafen sich in Indien und Moskau mit Swjatoslaw, dem Sohn von Nikolaj und Helene Roerich, welcher noch immer in Indien lebt, und sie besuchten das Museum von N. Roerich in New York. Raissa Gorbatschewa war persönlich bei der Eröffnung der Roerich-Gesellschaft in Moskau anwesend, und sie fördert sie bis heute. Ganz besonders wichtig waren zwei Begegnungen mit dem Sohn des Künstlers in Moskau, die im Mai 1987 und Oktober 1989 im Kreml stattfanden.

„Diese Begegnung – unser langjähriger Wunsch", sagte Gorbatschew während der ersten[1], und bei der zweiten äußerte er: „In der Sowjetunion gedenken wir mit tiefer Dankbarkeit N. Roerichs..."[2] In dem Prospekt zu der großen Monographie, die dem Leben und Werk von N. Roerich gewidmet ist und die vor kurzem aus dem Amerikanischen ins Deutsche übersetzt und in der Schweiz im Sphinx-Verlag herausgegeben wurde, sind die folgenden Worte M. Gorbatschews im November 1989 über den russischen Künstler angeführt: „Nicholas Roerich war ein Mensch, der zum Ruhm unseres Volkes beigetragen hat, ein Mensch, der unsere Zivilisation und ihre Kultur repräsentiert – er ist eine ihrer kulturellen Säulen."[3]

Zudem zeugt die genannte Monographie von dem wachsenden Interesse für den Nachlaß N. Roerichs in der Schweiz und in Deutschland, wo bereits seit einer Reihe von Jahren eine Roerich-Gesellschaft existiert. Auf deren Initiative hin sind alle Schriften und zwei Bände Briefe ins Deutsche übersetzt worden. In Amerika bildet das Museum des Künstlers in New York das Zentrum der Bewegung. Außerdem wurde die Mehrzahl der Bücher von Helene und Nikolaj Roerich schon vor längerer Zeit in englischer Sprache herausgegeben, und viele Werke wurden auch in andere europäische und sogar vereinzelt östliche Sprachen übersetzt.

Das Hauptanliegen der vorliegenden Arbeit ist nicht so sehr die Betrachtung der äußeren Biographie des Ehepaares Roerich als der Versuch, die Grundlagen der okkulten Strömungen aufzuzeigen, die mit ihrem Namen verbunden sind.

1. Die Quellen der späteren Lehren von H. P. Blavatskij

Die okkulte Strömung, die Helene Roerich (1879–1951), die Frau des Künstlers Nikolaj Roerich (1874–1947), am Beginn der zwanziger Jahre unseres Jahrhunderts begründete, wurde von ihr „Agni Yoga" oder „Lehre der lebendigen Ethik" genannt. Sie legte sie in vierzehn Bänden dar, wovon dreizehn in russischer Sprache in Paris und Riga in der Zeit von 1924 bis 1938 veröffentlicht wurden (der letzte, der vierzehnte Band, existiert bis jetzt nur in handschriftlicher Form). Eine Art Kommentar bilden dann noch zwei umfangreiche Bände Briefe (von 1929–1939) H. Roerichs an ihre geistigen Schüler und Nachfolger, welche auch in Riga im Jahre 1940 in russischer Sprache herausgegeben wurden. Hier antwortet sie eingehend auf verschiedene Fragen in bezug auf den einen oder anderen Aspekt der Lehre. Aus den Briefen geht hervor, daß es in den dreißiger Jahren in vielen Ländern Europas und Amerikas Gruppen zum Studium von Agni Yoga gab. Mit der Begründung solcher Gruppen begannen Roerichs im Jahre 1920.[4]

Gegenwärtig bestehen Gruppen in vielen Städten Rußlands sowie in anderen ehemaligen Republiken der

Sowjetunion. Der Band „Die Lehre der lebendigen Ethik“ wird sowohl in Riga als auch in Moskau, Nowosibirsk und Tiflis herausgegeben, und die Zeitschrift der lettischen Roerich-Gesellschaft „Uguns“, die in Riga sowohl in russischer wie auch in lettischer Sprache herauskommt, informiert über die zahlreichen Initiativen der Gesellschaft wie auch der in ihrem Rahmen unternommenen Arbeiten mit Kindern und Jugendlichen zur Aneignung der Grundlagen der Lehre.

Schon allein der Name der Lehre „Agni Yoga“ oder „Yoga des Feuers“ zeugt von ihrer östlichen Herkunft. Roerichs selbst fanden jedoch nicht sogleich den Zugang zu ihr, sondern nur allmählich durch die Russin Helena Petrowna Blavatskij, die Begründerin der Theosophischen Gesellschaft. Die erste Loge dieser Gesellschaft wurde bereits 1908 in Rußland eröffnet. Und wie die Amerikanerin Jacqueline Decter in ihrer Monographie über N. Roerich schrieb, sind die Roerichs wahrscheinlich noch vor Beginn des Ersten Weltkriegs der [Theosophischen] Loge beigetreten.[5] Beide Roerichs kamen durch ihre Bekanntschaft mit der theosophischen Literatur und in erster Linie durch die Werke H. P. Blavatskijs erstmals mit dem eigentlichen Quell ihrer Inspirationen in Berührung, dem Quell, der sich von den geheimnisvollen Mahatmas oder Lehrern des Ostens herleitete, die irgendwo in einem der abgeschiedenen Täler des inneren Himalaya lebten, die jedoch von Zeit zu Zeit auch in Europa und Amerika in Erscheinung traten.

Wie H. P. Blavatskij sagte, wurde sie geistig besonders von zwei derselben geleitet und inspiriert, ihr wichtigstes und umfassendstes Werk „Die Geheimlehre“ zu schreiben. Später übersetzte es H. Roerich ins Russische und gab die zwei ersten Bände in Riga in demselben Verlag heraus, wo auch die Bücher des Agni Yoga erschienen. Da H. Roerich später mehrfach darauf hingewiesen hat, daß die von ihr empfangenen Inspirationen auf dieselbe Quelle zurückgingen wie auch die Inspirationen von H. P. Blavatskij, so ist es notwendig, den Versuch zu unternehmen, diese Quelle vom anthroposophischen Standpunkt, wenn auch nur kurz, zu charakterisieren, wobei einige geisteswissenschaftliche Mitteilungen Rudolf Steiners als Grundlage dienen sollen. So äußerte sich Rudolf Steiner über das eigentliche Wesen der 1875 in New York begründeten Theosophischen Gesellschaft in einem Brief an den bekannten französischen Schriftsteller und Theosophen Edouard Schuré, den er 1907 in seinem Landhaus in Barr im Elsaß besuchte. Aus dieser Äußerung geht hervor, daß H. P. Blavatskij zunächst „von den großen Initiierten des Westens, die auch die Initiatoren der Rosenkreuzerweisheit sind", inspiriert wurde. Aus deren Inspiration schrieb sie dann ihr erstes großes Werk, „Die entschleierte Isis". Und im Geiste der Rosenkreuzer wurde dann auch die Theosophische Gesellschaft begründet, deren eigentliches Ziel anfangs der Dienst für die höheren allgemein menschlichen Ideale war.[6]

Infolge ihres chaotischen Charakters, ihres Mangels an logischem Denken und infolge der Tatsache, daß sie ihre eigenen, großen mediumistischen Fähigkeiten nur wenig kontrollieren konnte, vermochte H. P. Blavatskij die Rosenkreuzerweisheit in dem obengenannten Buch jedoch nur in sehr unvollkommener und vielfach entstellter Form zum Ausdruck zu bringen. Davon, daß ihr bewußtes Eindringen in diese Weisheit keine hohe Stufe erreichte, zeugt zum Beispiel die Tatsache, daß in der „Entschleierten Isis" im Grunde genommen nichts über die Wiederverkörperung gesagt wird, denn diese Wahrheit war in den Rosenkreuzermysterien erst auf den höheren Stufen der inneren Entwicklung zugänglich, Stufen, welche für H. P. Blavatskij unerreichbar blieben.[7]

Als es dann bald nach der Begründung der Theosophischen Gesellschaft deutlich wurde, daß die hohen spirituellen Wahrheiten nur in entstellter Form durch H. P. Blavatskij der Welt mitgeteilt werden konnten, hörten die rosenkreuzerischen Eingeweihten auf, sie zu inspirieren, und brachen bald jegliche Verbindung mit ihr ab. Die Fähigkeit, höhere Inspirationen zu empfangen, wenn auch auf mediumistische Weise, blieb H. P. Blavatskij jedoch erhalten. Die Tore ihrer Seele waren hinfort geöffnet, und „es konnten sich ihrer östliche Initiatoren bemächtigen". „Unter dem Einfluß dieser Strömung nahm die Theosophische Gesellschaft den östlichen Charakter an, und unter dem gleichen Einfluß wurden Sinnetts ‚Esoterischer Buddhismus' und Blavatskijs ‚Geheimlehre' inspiriert."[8]

Ungeachtet ihrer Abkehr von den Quellen der allgemein-menschlichen, christlichen Esoterik, gab es mindestens drei Gründe, die es Rudolf Steiner besonders in seinen frühen Vorträgen ermöglichten, sich positiv über die Begründerin der Theosophischen Gesellschaft zu äußern. Denn „diese erste Gründung trug einen ausgesprochen westlichen [das heißt rosenkreuzerischen] Charakter"[9]. Zweitens entsprang vieles von dem, was H. P. Blavatskij auch in ihren späteren Werken mitteilte, eigenen okkulten Erfahrungen – die zwar nicht frei waren von Mediumismus, aber doch geeignet, einige geistige Realitäten zu erfassen und weiterzugeben –, drittens haben viele Mitteilungen der „Geheimlehre", die vorchristliche Religionen und vergangene Erd- und Menschheitszustände betreffen, einen objektiven Erkenntniswert, und schließlich bedurfte es eines außergewöhnlich großen Mutes von seiten Blavatskijs, in der zweiten Hälfte des 19. Jahrhunderts, zur Zeit der Kulmination des europäisch-amerikanischen Materialismus, es überhaupt zu wagen, über okkulte Themen, wenn auch in einer dem Christentum fremden Form, öffentlich zu sprechen.

Als jedoch auf diese Weise „das Eis von östlicher Seite" gebrochen war, konnte nun der westliche christliche Okkultismus erstmals durch Rudolf Steiner mit voller Stimme zu sprechen beginnen. Er äußerte selbst dazu: „Nachdem auf diese Art sozusagen das erste Eis gebrochen war [durch die Veröffentlichung der „Geheimlehre" von Blavatskij], kam auch die Zeit, in der gesprochen werden durfte... aus den Quellen des lebendigen Okkultismus heraus, der treu behütet worden ist in den Rosenkreuzermysterien."[10] Und weiter sprach Rudolf Steiner eingehend von dem grundlegenden Unterschied des westlichen und östlichen Okkultismus: „Es gibt keine Weisheit des Ostens, die nicht eingeflossen wäre in den Okkultismus des Westens, und in der rosenkreuzerischen Lehre und Forschung finden Sie restlos alles, was die großen Weisen des Ostens jemals bewahrt haben. Nichts, nichts von dem, was man wissen kann aus der Weisheit des Ostens, fehlt in der Weisheit des Westens ... Er [der westliche Okkultismus] hat nur *alle Dinge neu herauszugebären aus dem Jungbrunnen des Christus-Impulses.*"

Anderseits hatte die Tatsache, daß H. P. Blavatskij

unter den Einfluß östlicher Okkultisten mit ihren indisch-tibetanischen Gruppeninteressen geriet, unweigerlich eine ganze Reihe negativer Folgen, deren okkulte Bedeutung und geistige Grundlagen Rudolf Steiner erst viel später, nach der Trennung von der Theosophischen Gesellschaft, den Anthroposophen darlegen konnte. In den Vorträgen vom Oktober 1915 in Dornach, die unter dem Titel „Die okkulte Bewegung im 19. Jahrhundert und ihre Beziehung zur Weltkultur" veröffentlicht wurden, beschrieb Rudolf Steiner den Prozeß, wie H. P. Blavatskij unter den Einfluß der östlichen Eingeweihten kam. Er stellte dar, wie sie infolge ihrer Mitgliedschaft in verschiedenen okkulten Bruderschaften Europas und Amerikas, die immer wieder darnach strebten, sie für ihre Gruppen- und sogar politischen Ziele zu benutzen, aber auch wegen ihres im Grunde ehrlichen, wenn auch sehr emotionalen und unausgeglichenen Charakters, nach ihrer Einweihung in viele Geheimnisse dieser Bruderschaften für dieselben letzten Endes unlenkbar, und das heißt: äußerst gefährlich wurde. In dieser wirren und kritischen Situation entschlossen sich einige westliche Bruderschaften zu dem Schritt, H. P. Blavatskij dem zu unterwerfen, was man in der Esoterik „okkulte Gefangenschaft" nennt. Dabei handelt es sich um das Folgende: Mit Hilfe einiger zeremoniell magischer Maßnahmen wird die Seele des betreffenden Menschen auf dem Astralplan sozusagen von einer übersinnlichen Hülle oder Aura umgeben, welche alle Impulse zurückspiegelt, die eine solche gefangene Seele in die Welt senden möchte. Anders gesagt: H. P. Blavatskij war innerlich in eine solche Lage versetzt worden, daß ihre umfassenden okkulten Erkenntnisse durch die um sie gebildete geistige Hülle stets in ihre Seele zurückgeworfen wurden. Aus dieser schwierigen Lage wurde sie dann durch die östlichen indisch-tibetischen Okkultisten oder sogenannten Mahatmas befreit, die sich jedoch bei ihrer Tätigkeit nicht von allgemein-menschlichen, sondern von egoistischen Sonderinteressen leiten ließen (siehe Anhang I). Von dieser Zeit an war dann H. P. Blavatskij ein gehorsames Instrument in ihren Händen und weiter einer der wichtigsten Mittler zwischen den indisch-tibetischen Mahatmas und den führenden Mitgliedern der Theosophischen Gesellschaft wie A. Sinnett, G. Olcott, Ch. Leadbeater, A. Besant und anderen. Symbolisch real kam das darin zum Ausdruck, daß bereits im Jahre 1879 das Zentrum der Theosophischen Gesellschaft aus New York nach Madras in Indien verlegt wurde, wo H. P. Blavatskij, die bis 1886 in Indien blieb, sich selbst niederließ. (Siehe Anhang II.)

Später wurden aus den Inspirationen und mit Hilfe dieser Mahatmas die Bücher „Die okkulte Welt" von Sinnett (1881) mit vielen Briefen der Mahatmas an den Verfasser sowie dessen „Esoterischer Buddhismus" (1883) und die „Geheimlehre" von Blavatskij (1888) geschrieben. Das Besondere der zwei letzteren Bücher, die auch bei den Theosophen größte Autorität besaßen, war die eigenartige Mischung von „indischer Esoterik" und „moderner materialistischer Wissenschaft", eine Mischung, die R. Steiner in den Mitteilungen an Schuré einen „unfruchtbaren Bastard" nannte.[11]

Beide Werke hatten infolgedessen einen stark materialistischen Charakter. Deshalb sagte auch Rudolf Steiner über den „Esoterischen Buddhismus" von Sinnett, daß in ihm, „von einer gewissen Seite her, der spirituellen Lehre [des Ostens] eine ganz materialistische

Form [gegeben wird]... Man hat es [in diesem Buche] zu tun mit einer der schlimmsten Formen des Materialismus. Es wird da die geistige Welt geradezu materialistisch dargestellt ... Der Stoff wird da wohl recht sehr verfeinert, aber man kommt bei dem Buche von Sinnett aus dem Materiellen gar nicht heraus, wenn man auch noch so hoch hinaufklettert."[12] Über das Hauptwerk Blavatskijs sagte Rudolf Steiner weiter: „Diese ‚Geheimlehre' ist ganz in dem Stile gehalten wie der 'Esoterische Buddhismus'." Und etwas früher in dem gleichen Vortrag charakterisiert er Blavatskij mit den Worten: „So daß also nicht nur das der Fall war, daß jene, die jetzt die geistigen Brotgeber – verzeihen Sie das materialistische Gleichnis – von H. P. B. [Blavatskij] waren, nicht nur im indischen Sinne Sonderinteressen hatten, sondern auch die schärfsten Konzessionen an den materialistischen Zeitgeist machten." In einem Punkte unterschied sich jedoch das Buch von H. P. Blavatskij von den Werken Sinnetts, und zwar bei der Betrachtung der Bedeutung des Mondes in bezug auf die sogenannte „achte Sphäre" oder Sphäre des Bösen. So behauptete Sinnett in seinem Buch auf der Grundlage der Mitteilungen, die er von einem der Mahatmas empfangen hatte, daß der physische Mond selbst die achte Sphäre sei. Tatsächlich verhält es sich gerade umgekehrt: Der physische Mond befindet sich in der Umgebung der Erde, um gegen die Kräfte des Bösen der achten Sphäre *Widerstand zu leisten.* Nach den Worten Rudolf Steiners wurde durch diese offensichtlich unwahre Behauptung Sinnetts „der Materialismus auf das okkulte Gebiet getragen, da wird der Okkultismus Materialismus"[13]. Und Rudolf Steiner fuhr dann fort: „ ... und so konnte es kommen, daß diejenige Individualität [des indischen Mahatma], die ein Interesse hatte, gerade den Materialismus auf spirituelle Art zu benutzen, um Sonderzwecke zu erreichen, leichtes Spiel hatte, in dem Sinnettschen ‚Geheimbuddhismus' eine scheinbar spirituelle Lehre mit einer ganz eminent materialistischen Tendenz zu entfalten."[14] Im Unterschied zu Sinnett jedoch, der über keine geistigen Erfahrungen verfügte, besaß H. P. Blavatskij, wenn auch mediumistische, so doch wirkliche hellsichtige Fähigkeiten und „wußte" deshalb, daß das falsch war, was Sinnett geschrieben hatte.[15] Und da sie, wie schon gesagt, ihrem Wesen nach ein tief ehrlicher Mensch war, konnte sie dem nicht zustimmen. „Auf der anderen Seite aber war sie in den Händen derjenigen, welche wollten, daß die falsche Lehre [vom Monde] in die Menschheit kommen sollte"[16]. Und trotzdem, sogar „in den Händen" der indisch-tibetanischen Okkultisten, versuchte sie in der „Geheimlehre", diesen Fehler wenigstens teilweise zu korrigieren, ging dabei aber so vor, daß ihre auch nur teilweise Korrektur „der indischen Strömung des Okkultismus nicht zu viel Leid zufügen konnte".[17] Und zwar war H. P. Blavatskij sozusagen „im Tausch" bereit, dem indischen Okkultismus in einer anderen, noch wichtigeren Frage nachzugeben, was zur Folge hatte, daß sie den Fehler Sinnetts in einer Weise „korrigierte, die erst recht darauf aus ging, die einseitige Tendenz der linksstehenden indischen Okkultisten zu unterstützen"[18].

Es handelt sich dabei um das Folgende. Während sie den Fehler Sinnetts in ihrem Buch korrigierte und richtigerweise darauf hinwies, daß der Mond nicht die achte Sphäre darstellt, sondern, im Gegenteil, von den Göttern in den Kosmos gesetzt wurde, um gegen das aus der achten Sphäre kommende Böse zu wirken, stellte H. P. Blavatskij in demselben Buch eine Lehre von Jahve in einem ganz unwahren Lichte auf, das heißt eine Lehre von jener mächtigen Wesenheit, die als geistiger Herrscher des Mondes zugleich auch der hauptsächliche Gegner der achten Sphäre ist. Da sie die Lehre von Jahve unter dem Einfluß ihrer indisch-tibetanischen Inspiration so vollständig verfälscht hatte, konnte H. P. Blavatskij dann tatsächlich weder den Judaismus noch das Christentum verstehen, obwohl sie in ihrem ersten Buch „Die entschleierte Isis“ einige Wahrheiten des esoterischen Judaismus und des Christentums dargestellt hatte. Das hatte dann wieder zur Folge, daß sie „in der ‚Geheimlehre‘ ein wüstes Geschimpfe erhoben [hat] über alles, was Judentum und Christentum ist“[19].

Rudolf Steiner beschreibt diesen Prozeß der Verwandlung von H. P. Blavatskij in einen unversöhnlichen Gegner von Judaismus und Christentum auf folgende Weise: „Um nun ihrerseits etwas zu schaffen, was über [die Sinnettsche Vorstellung vom Mond] hinausging, war sie [Blavatskij] auf die Vorschläge der sie inspirierenden indischen Okkultisten eingegangen. Diese hatten nichts anderes im Auge, da sie Anhänger des linken Pfades waren, als ihre indischen Sonderinteressen. Sie hatten im Auge, über die Erde hin ein Weisheitssystem zu begründen, aus dem der Christus ausgeschlossen war, und aus dem auch Jahve, Jehova ausgeschlossen war. Es mußte also etwas hineingeheimnißt werden in die Theorie, was nach und nach Christus und Jahve eliminierte.“[20]

Um zu verstehen, wie solche Absichten unter den östlichen Okkultisten entstehen konnten, muß man beachten, daß der östliche Eingeweihte prinzipiell nicht zu einer wirklichen Erkenntnis des Christus-Mysteriums gelangen kann. Darauf wies Rudolf Steiner in seinen Aufzeichnungen für Schuré mit den Worten hin: „Denn die östlichen Initiationen müssen notwendig das *Christus-Prinzip* als zentralen *kosmischen* Faktor der Evolution unberührt lassen." Deshalb könnten die „Offenbarungen der orientalischen Initiation" und die dahinterstehenden Mahatmas „... eine Hoffnung auf Erfolg in der Evolution... nur haben, wenn sie das Christus-Prinzip aus der westlichen Kultur vertilgten. Dies wäre aber identisch mit dem Auslöschen des eigentlichen *Sinnes der Erde,* der in der Erkenntnis und Realisierung der Intentionen des *lebendigen Christus* liegt".[21] (In beiden Zitaten wurden die Worte von Rudolf Steiner hervorgehoben.) Um diese Ziele der indisch-tibetischen Eingeweihten durch H. P. Blavatskij zu erreichen, wurde der Versuch unternommen, an die Stelle des Christus-Jahve-Impulses den Impuls Luzifers zu setzen. „Da wurde das Folgende beschlossen. Man sagte: Seht einmal Luzifer an. – Von Ahriman sprach man nicht, man erkannte ihn so wenig, daß man den einen Namen für beide gebrauchte. - Dieser Luzifer ist eigentlich der große Wohltäter der Menschheit. Der bringt den Menschen alles, was die Menschen durch ihr Haupt, durch ihren Kopf haben: Wissenschaft, Kunst, kurz allen Fortschritt. Das ist der wahre Lichtgeist, das ist derjenige, an den man sich halten muß ... – Daher die Behauptung der ‚Geheimlehre': an Jahve dürfe man sich nicht halten, ... der wahre Wohltäter der Menschheit sei Luzifer. – Die ganze ‚Geheimlehre' ist so eingerichtet, daß das hindurchleuchtet, und es ist auch deutlich darin ausgesprochen. Daher mußte H. P. Blavatskij zu einem Christus-Jahve-Hasser präpariert werden aus okkulten Gründen heraus. Denn auf okkultem Gebiet bedeutet jener Ausspruch genau dasselbe, was auf dem Sinnettschen Gebiete der Ausspruch bedeutet: der Mond ist die achte Sphäre." Mit anderen Worten: „was man durch H. P. Blavatskij erreichen wollte, war auch dieses: die Menschen zum Glauben an die achte Sphäre zu verführen."[22]

So erreichten die indisch-tibetischen Mahatmas dadurch, daß sie H. P. Blavatskij zu einem Gegner des Christentums machten, schließlich, daß die ganze theosophische Bewegung eine antichristliche und offen luziferische Richtung erhielt. „Natürlich wurden die Menschen zur geistigen Welt hingelenkt. Dieses große Verdienst hat die ‚Geheimlehre' von H. P. Blavatskij ... Aber der Weg war ein solcher, welcher Sonderinteressen verfolgte, nicht die Interessen der allgemeinen Menschheitsentwickelung."[23]

In Anbetracht der Bedeutung dieses Prozesses wollen wir hier noch eine weitere Darstellung aus einem Vortrag vom 27. November 1916 anführen. „Blavatsky war verführt durch gewisse Wesen, die ein Interesse daran hatten, sie zu verführen, an die Stelle des Christus den Luzifer zu setzen, und das sollte dadurch erreicht werden, daß man über die achte Sphäre geradezu dieses Gegenteil der Wahrheit in die Welt setzte und den Jahve-Gott verleumdete, indem man ihn bloß als den Gott der niederen Natur hinstellte. So arbeiteten diejenigen Weltenmächte, die den Materialismus befördern wollten, auch durch dasjenige, was man so Theosophie nannte, für den Materialismus, denn der Materialismus wäre selbstverständlich in seine schlimmsten Abgründe verfallen, wenn man zu dem Glauben gekommen wäre, der Mond wäre wirklich... die achte Sphäre, und man müsse das Christentum durchaus bekämpfen."[24]

Aus diesen Mitteilungen Rudolf Steiners folgt, daß bereits seit der Verlegung des Zentrums der Theosophischen Gesellschaft nach Indien, ganz besonders aber von dem Augenblick an, da die genannten Bücher von Sinnett und Blavatskij erschienen, starke materialistische Tendenzen in der theosophischen Bewegung aufkamen, die sich in den folgenden Jahren immer stärker entfalteten. Später erfolgte dann ihre Kulmination in dem Abenteuer mit dem indischen Knaben Krishnamurti, den Leadbeater und A. Besant von 1909 an als den neuen Messias, den physisch wiedererschienenen Christus auszugeben suchten.

Die Quellen dieses „okkulten Abenteuers" muß man vor allem in der allgemeinen materialistischen und antichristlichen Tendenz der theosophischen Bewegung suchen, die letzten Endes auf eben jene streng abgeschlossene Gruppe indisch-tibetischer Mahatmas zurückgeht, von denen zwei nach Aussage von Blavatskij und Sinnett die unmittelbaren Inspiratoren der „Geheimlehre" und des „Esoterischen Buddhismus" waren. In den theosophischen Kreisen waren sie unter dem Namen M. M. (Mahatma Moria) und M. K. H. (Mahatma Kut Humi) bekannt, wobei der erstere das obengenannte Buch von Blavatskij inspirierte und der zweite durch seinen Briefwechsel mit Sinnett den Grund für dessen Bücher legte. Die Portraits der beiden Mahatmas als der höchsten Patrone der Theosophischen Gesellschaft hingen stets in den Räumen der Esoterischen Schule, die Blavatskij in demselben Jahr in Indien begründete, als ihre „Geheimlehre“ erschien (1888).

2. Die Inspiratoren des Agni Yoga

Mit diesen östlichen Inspiratoren der theosophischen Bewegung in Verbindung zu treten, war das Hauptziel des Ehepaares Roerich, seit sie die theosophische Bewegung, ganz besonders aber die Werke von Blavatskij und Sinnett kennengelernt hatten. Der Kontakt wurde tatsächlich bald hergestellt, und die Begründung des Agni Yoga war das Ergebnis. In der vorliegenden Arbeit werden wir jedoch die Frage zunächst offenlassen, *wer* es war, der H. Roerich zum Schreiben der vierzehn Bände der „Lebendigen Ethik" inspirierte. Sie selbst war jedenfalls überzeugt, daß das der *Mahatma Moria* gewesen sei.* Und diese Ansicht teilte auch N. Roerich. Davon zeugt, neben anderem, der Titel der von ihm 1921 in Berlin herausgegebenen Gedicht-

---

* In der vorliegenden Arbeit stellte sich der Verfasser auch nicht die Aufgabe, die Persönlichkeiten der theosophischen Lehrer, welche den Namen Moria und Kut Humi trugen, in irgendeiner Weise zu identifizieren. Seine Aufgabe war es nur, auf die bestimmten Absichten hinzuweisen, welche jene Individualitäten verfolgten – sie mögen wer auch immer gewesen sein –, die H. Roerich (sowie – wie wir noch sehen werden – A. Bailey) nach Blavatskij so benannte und die sie als ihre Mahatmas und im esoterischen Sinne als die Begründer jener okkulten Strömung ansah, deren Betrachtung diese Arbeit gewidmet ist.

sammlung, die in der Zeit von 1916–1921 geschrieben und „Blüten Morias“[25] genannt wurde. Die Sammlung besteht aus vier Teilen, in denen in poetisch-allegorischer Form der Weg des Menschen von den ersten Schritten der Schülerschaft bis hin zum Lehrer-Sein, Guru-Sein beschrieben wird.

Was aber H. Roerich betrifft, so gibt sie im achten Buch von „Agni Yoga“ die folgende Antwort der Mahatmas auf die Frage wieder, ob ihre Lehre und die Lehre Blavatskijs die gleiche Quelle haben: „Man kann fragen, wie ist die Beziehung Unserer Lehre zu der Uns durch Blavatskij gegebenen Lehre? Sagt: In jedem Jahrhundert ergibt sich, nach eingehender Darlegung, eine abschließende Kulmination ... So schließt Unsere Lehre die ‚Geheimlehre‘ Blavatskijs ein.“[26] Ganz offensichtlich war hier unter „eingehender Darlegung“ an das Buch von letzterer gedacht und unter „Kulmination“ an die Bücher von H. Roerich. Diese Auffassung der zitierten Worte aus dem „Agni Yoga“ wird noch durch die folgende Stelle eines Briefes von H. Roerich unterstrichen, in dem sie auf sich selbst als eine direkte Fortsetzerin der Lehre der Blavatskij weist: „Heute wird der Ozean der Lehre der ‚Lebendigen Ethik‘ gegeben, wer sie erlernt hat, wird für den weiteren Weg gerüstet sein ...“[27] Und in einem weiteren Brief äußerte sie über dieselbe Frage: „Wer fragt, welche Beziehung besteht zwischen dem Gr[oßen] L[ehrer] K[ut] H[umi] und der Lehre der ‚Lebendigen Ethik‘, weiß offensichtlich nicht, was die W[eiße] Bruderschaft ist. Denn ist es wohl möglich, daß der eine Bruder [Kut Humi] die Lehre, die der andere Bruder [Mahatma Moria] gab, ablehnt?“[28]

Am deutlichsten zeugt jedoch von der Quelle der Inspirationen H. Roerichs der Titel der zwei ersten Bände des „Agni Yoga", die 1924–25 in Paris herausgegeben wurden. Beide werden „Blätter aus dem großen Garten Morias" genannt und haben die Untertitel: der erste „Der Ruf" und der zweite „Die Erleuchtung". Der Inhalt ist wie ein von Tag zu Tag geführtes okkultes Tagebuch, in das H. Roerich die Mitteilungen des Lehrers eingetragen hat. Der erste Eintrag lautet: „London, 24. März 1920." *

Im Vorwort zu den 1990 in Tiflis veröffentlichten Auszügen aus den zwölf Bänden unter der Bezeichnung „Mosaik des Agni Yoga" teilt die Herausgeberin des Sammelbandes Ala Ter-Akopjan das Folgende zu dem Inhalt mit: „Agni Yoga oder die lebendige Ethik oder die Lehre vom Lichte, das ist ein himmlisches Diktat ... Es hörte aber und schrieb auf die Stimme der Höheren Welt Helene Iwanowna Roerich, die seither Mutter des Agni Yoga genannt wird... Freilich bedarf es, um das himmlische Diktat zu hören, des himmlischen Gehörs, und, um dieses Diktat niederzuschreiben, der feinsten geistigen Feder. Helene Roerich verfügte über ein solches Gehör und eine solche Feder."[29] Mit anderen Worten, es handelt sich hier um eine besondere Form mediumistischer Briefe, bei der die innere „diktierende" Stimme im Tagesbewußtsein gehört wird. Dieser Definition entspricht auch der Inhalt der zwei Bände. Der erste enthält Mitteilungen, die vom Lehrer in mantrisch-poetischer Form diktiert und in der Zeit von März 1920 bis April 1923 empfangen wurden.

---

* Wie H. P. Blavatskij bezeugt, begegnete ihr der Mahatma Moria zum erstenmal in London.

Die erste Londoner Mitteilung beginnt mit den Worten:

> „Ich bin dein Heil.
> Ich bin dein Lächeln.
> Ich bin deine Freude.
> Ich bin deine Ruhe.
> Ich bin deine Stärke.
> Ich bin deine Kühnheit.
> Ich bin dein Wissen.
> Den Edelstein, den einmaligen, die Lebenswohltat bewahrt Euch, Aum Tat Sat, Aum."[30]

Durch das ganze Buch zieht sich wie ein Leitmotiv die Allegorie eines esoterischen Gartens der östlichen Weisheit, deren Hüter der H. Roerich führende Lehrer ist, und die einzelnen Aussprüche werden mit in ihm gesammelten Blättern und Blüten verglichen, welche die Schülerin nach seiner Anweisung an die Menschen weitergeben soll. Einige Worte sind voll echter Poesie, jedoch, was den gedanklichen Gehalt betrifft, meistens ziemlich primitiv.

Zudem wird in dem Buch unaufhörlich ein geheimnisvoller Name wiederholt, der als „M..." (mit drei Punkten) geschrieben wird. Vom Titel „Blätter aus dem Garten *Morias*" ausgehend, muß beim Leser der Eindruck entstehen, daß von diesem die Rede sei. Später zeigt es sich jedoch, daß das trotz allem eine andere Individualität ist, in deren Namen und Auftrag sich der Lehrer gleichsam an H. Roerich wendet:

„Ruhe deinen Geist aus, ermüde dich nicht mit Büchern, und die Liebe wird sich in glänzendem Strom ergießen, die Wunder der Blüten von M... erleuchtend... Die Blumen von M... gedeihen in vielen Gärten nicht, aber sie blühen auch auf Eisschollen..." und so fort.

Mitunter nimmt das „Diktat" eine unmittelbarere Form an, wobei die Pronomen „Ich" und „Mein" als Hinweis auf den diktierenden Lehrer stets mit großen Anfangsbuchstaben geschrieben werden:

„Mein Lotos ist die Freude der Besucher Meines Gartens." – „Die Früchte und Blüten Meines Gartens sind allen zugänglich, seid die Hüter des Gartens, des Meinen." – „Ich aber vermehre die Kräfte Meiner Tochter, denn sie geht in Meinen Garten." [„Meine Tochter" – hier H. Roerich.]

Zeitweilig nimmt das „Diktat" eine deutlich befehlende Form an: „Ich, Ich, Ich lese eure Gedanken jeden Tag." „Der Lehrer überprüft das Schaffen der geliebten Schüler." – „Mein Lächeln blickt wie ein wachsames Auge auf euch, Meine Freunde." Und gleichzeitig tritt der Lehrer fast wie eine kosmische Kraft auf:

„Im Flüstern der Blätter,
Im Glitzern der Wellen,
Im Wehen des Windes bin Ich mit euch."

Oder:

„Ich bin die Glut des Sandes,
Ich bin die Flamme des Herzens,
Ich bin die alles verzehrende Welle,
Ich bin die wiederbelebte Erde."

Und weiter:

„Ich bin ein kühner Schild,
Ich lehre euch Meine Weisheit.
Ich bin nicht der die Brücke verheißende,
sondern der das Licht Herbeirufende.
Ich lehre die Liebe.“

In einigen Äußerungen offenbart sich der „diktierende Lehrer“ als Mitglied der geheimnisvollen „Weißen Bruderschaft“, die in unzugänglichen Tälern des Himalaya verborgen lebt: „Kinder, Kinder, teure Kinder, denkt nicht, daß Unsere Bruderschaft durch undurchdringliche Mauern vor der Menschheit verborgen ist. Der Schnee des Himalaya, der uns verbirgt, hindert die Suchenden in Wahrheit nicht.“ Oder: „Ich lehrte euch ein glückliches Wissen, das in sich die Lehre Tibets verbirgt.“ – „Mit Wohlgeruch von den Bergen Tibets blasend, bringen wir der Menschheit die Botschaft der neuen Religion des Reinen Geistes.“

Dieser Bruderschaft gehört auch der geheimnisvolle „M...“ an. „M... hat viele Türme und Wächtererscheinungen an den Hängen des Himalaya ...“, teilt ihr Inspirator H. Roerich mit und fährt fort: „M... lehrt euch, reine Brüder, um das Erscheinen der Stufen des bergigen Weges zu bitten.“ Und weiter wird von „M...“ in befehlender Form mitgeteilt: „Halte die anderen bei den Ideen von M...“ – „Das Glück kommt zu euch durch den Schild von M...“ – „Sei eine Äolsharfe für das Wehen von M...“ – „Lernt die Erscheinungen von M... kennen.“ – „Die Berge sind hell, M... ist immer mit euch.“ – „Seid kühner, seid Schüler von M...“ – „Folgt der Lehre von M...“ – „M... schützt.“ – „Wenn ihr mir glaubt“, so fährt der Inspirator fort, „ – so wisset, daß euch die Sorge und der Schutz von M...

umgibt." – „M... ist euer Lächeln, euer Heil, eure Festung und Wissen." Und so fort. In diesen und vielen anderen Aussprüchen der Sammlung ist die Abhängigkeit vom Lehrer wie von einer höheren göttlichen Kraft wahrhaft absolut.

Auch wird der geheime Sinn des Untertitels des ersten Buches „Der Ruf" in den entsprechenden Aussprüchen deutlich:

„Zögert nicht – M... ruft." – „Erkraftet euch und bahnt den Weg zu M..." – Oder:

> „Im Walde sucht Meine Hinweise,
> In den Bergen hört Meinen Ruf,
> Im Murmeln des Baches lauscht
> Meinem Flüstern."
> „Der Lehrer ist stets an eurer Tür,
> Aber laßt eure Türen offen,
> Erwartet ihn, und er antwortet auf euren Ruf."

Der Lehrer wird für den Schüler nun zu allem, sogar zum Vater: „In Meinem Namen gehe ins Leben und besiege die Finsternis,* denn ich bin euer Beschützer, Freund und Vater. Ich stelle euch an Meine Tore, und ihr verkündet in Meinem Namen. Mein Wort wird mit euch sein."

Nach der Lektüre des ersten Buches von „Agni Yoga" taucht vor allem die Frage auf: Wer ist dieser geheimnisvolle „M...", von dem der Inspirator von Helene Roerich immer wieder spricht? Am Beginn von „Die Erleuchtung", dem zweiten Buch der „Blätter aus

---

* Diese Worte klingen besonders befremdend, wenn man sie mit den folgenden Worten des Christus vergleicht: „Ich bin gekommen im Namen meines Vaters, und ihr nehmt mich nicht auf. Wenn aber ein anderer in seinem eigenen Namen kommt, so werdet ihr ihn aufnehmen." (Joh. 5,43)

dem großen Garten Morias", schreibt sie selbst über diesen Inspirator: „Fragt man euch: wer gab diese Lehre? So antwortet: ‚der Mahatma des Ostens.'"

Und im Vorwort zu dem oben erwähnten Sammelband „Mosaik des Agni Yoga" schreibt der Herausgeber A. Ter-Akopjan: „Ein großes Wissen wurde der in geistiger Beziehung ungebildeten Menschheit vom Maitreya, dem Herrn von Schamballa, gegeben. Und die Stimme der höheren Welt vernahm und schrieb nieder Helene Iwanowna Roerich, die seitdem die Mutter von Agni Yoga genannt wird."[31] Dann werden einige Ausdrücke erklärt, die im Text der Lehre erscheinen - so zum Beispiel die Worte „Ihr", „Meine Kinder", „Meine Tochter", „Mein Sohn" als Anreden des Maitreya oder des Moria (die anscheinend einige Anhänger das Agni Yoga für ein und dieselbe Person halten) * an das Ehepaar Roerich zusammen oder jeden für sich.

In der Lehre selbst wird von dem Maitreya als dem höchsten Herrn von Schamballa gesprochen, wo auch die wahren Mahatmas weilen, denn sie sind die weißen Brüder, die im Diktat als „Wir" auftreten. Deshalb wird auch Schamballa von dem Diktierenden als „Unser Ort, Unser Turm, Unser Tal, Unsere Berge, Unsere Festung" und so fort[32] bezeichnet. Und im zweiten Band von „Agni Yoga", der „Erleuchtung", heißt es: „Schamballa ist der Ort, wo sich die geistige Welt mit der materiellen verbindet. So wie es im Magneten einen Punkt der größten Anziehungskraft gibt, so stehen die Tore der geistigen Welt in den Wohnsitzen der Berge

* In den Anmerkungen zu dem Sammelband „Mosaik des Agni Yoga" schreibt A. Ter-Akopjan: „M... ist der Maitreya, er ist Moria." Diese Identifizierung widerspricht jedoch dem Text der Lehre, denn der „Diktierende" spricht stets von „M..." zu H. Roerich in der dritten Person.

offen.“ Über das irdische Schamballa, das irgendwo in den Tiefen der Berge des Himalaya verborgen ist, sowie über die dort lebenden Mahatmas und ihre Boten, die überall in der Welt wirken, spricht auch Nikolaj Roerich in seinem Artikel „Das leuchtende Schamballa“, mit dem sein Buch „Schamballa“ beginnt, das 1930 in Amerika in englischer Sprache herauskam.

Den Inhalt des Artikels (siehe darüber weiter unten) bildet ein langes Gespräch, das H. Roerich über dasselbe mit einem tibetischen Lama zur Zeit ihrer Reise im Himalaya führte. Noch eingehender schrieb H. Roerich über das geheimnisvolle Land in dem zweiten Buch „Agni Yoga“. Dort teilt ihr Inspirator ihr mit, daß es bei der Bevölkerung und in den Ashrams von Schamballa verschiedene technische Errungenschaften gebe, die der übrigen Menschheit noch unbekannt seien. Der Inspirator spricht von „unseren Laboratorien“ zu ihr, zu denen niemand „ohne Aufforderung“ und „ohne Begleitung“ gelangt. Er berichtet von „unseren weitblickenden Apparaten“, „Observatorien“, „Prismenspiegeln“ und so fort. Das alles existiert nach den Worten des Inspirators real und befindet sich irgendwo in einem der für Menschen unerreichbaren Täler des Himalaya.

Weiter werden in demselben Buche die verschiedenen Arten der Hilfe beschrieben, welche die Mahatmas der Gemeinschaft des Himalaya und ihre zahlreichen Boten den übrigen Menschen auf allen Kontinenten ständig zukommen lassen. Die Einwirkung kann psychischer oder auch ganz materieller Art sein. Es können Begegnungen stattfinden, Briefe werden geschickt, aber auch große Geldsummen – stets jedoch von unbekannten Personen. Die geheimnisvollen Unbekannten knüpfen ein Gespräch an und geben Politikern, Künstlern und Erfindern Ratschläge. Manchmal erscheinen auch die Mahatmas einzelnen Menschen selbst physisch, fortgeschrittenen Schülern aber im geistigen Leibe. Schließlich werden nur die Fortgeschrittensten für würdig befunden, noch im physischen Leibe in die wichtigste „Feste im Himalaya", in das irdische Schamballa einzutreten, das, so bestätigt das Ehepaar Roerich, stetig mit dem „himmlischen", das heißt dem übersinnlichen Schamballa in Verbindung stehe. Über die „Lehrer der Gr[oßen] Gemeinschaft des Himalaya" berichtet H. Roerich in einem ihrer Briefe: „Laßt niemals außer acht, daß die Bruderschaft der Mahatmas jene Erhabenen sieben Geister sind, welche am Ende der dritten Rasse [der lemurischen] von den höheren Planeten zur Erde kamen, um die Entwicklung unserer Menschheit zu beschleunigen. Ihre geistige Kraft, ihre Größe ist mit keinem der anerkannten menschlichen Genies zu vergleichen ..."[33]

In diesem Kontext ist der letzte, vierzehnte und umfangreichste Band von „Agni Yoga" (er enthält mehr als vierhundert Seiten) besonders charakteristisch, der jedoch unvollendet ist und deshalb erst nach dem Tod von H. Roerich veröffentlicht wurde. Er besteht aus fünfhundert Paragraphen, von denen der ihr diktierende Mahatma jeden einzelnen mit einer direkten Anrede an sie und einem Hinweis auf ihr tiefes Wirken und ihre höheren Fähigkeiten beginnt. Dabei wird H. Roerich überall nicht mit ihrem gewöhnlichen, sondern einem anderen, dem indischen Namen „Uruswati" angesprochen, was, aus dem Sanskrit übersetzt, „Licht des Morgensterns" oder „Licht der Venus" bedeutet. Weiter folgt nach jeder solchen Anrede ein

Kommentar. Wir wollen hier einige Beispiele solcher Anreden anführen: § 1: Uruswati kennt den Turm Tschung [den Turm in der Himalaya-Festung, in dem sich die Laboratorien der Mahatmas befinden]; § 4: Uruswati weiß, wie schwierig die Gedankenübertragung auf eine weite Entfernung ist; § 5: Uruswati hat Uns im dichten und im dünnen Leibe gesehen; § 6: Uruswati kann von den heilenden Vibrationen bringen, die von Uns ausgesandt werden; § 7: Uruswati kennt Unsere Stimmen, sowohl die tönenden wie auch die stummen; § 9: Uruswati war in Unseren Laboratorien; § 10: Uruswati kennt unsere Sprache; § 13: Uruswati kann die Namen der Mitglieder der Bruderschaft nennen...; § 25: Uruswati hat vielen erklärt, warum man uns die Weltherrschaft nennt; § 31: Uruswati versteht den Grund für das lange Leben unserer Boten gut; § 48: Uruswati befindet sich in dauernder Verbindung mit Uns... und so fort.[34]

Zweifellos muß eine solche fünfhundertmalige Wiederholung der im wesentlichen immer gleichen Formel, mit deren Hilfe der unbekannte Mahatma gleichsam wie eine Stimme hinter der Bühne die Autorität von H. Roerich und die Wahrheit ihrer Mitteilungen bekräftigt, schon durch sich selbst eine starke, suggestive Wirkung ausüben.

3.
Die Asienreise von H. und N. Roerich – Gespräche mit den Mahatmas

Der okkulte Sinn der mehrere Jahre währenden Reisen des Ehepaars Roerich durch die Mongolei, durch Tibet und den Himalaya (1925–1928) läßt sich besser verstehen, wenn man das oben Gesagte in Betracht zieht. Die Notizen, die N. Roerich während der Reisen niederschrieb und die er später, 1929, unter dem Titel „Das Herz Asiens" in englischer Sprache veröffentlichte, sind voller Beispiele und Erzählungen von den verschiedensten Menschen über ihre Begegnungen mit den Mahatmas. Diese Erzählungen zusammenfassend, schreibt er: „Wenn ihr diese ungewöhnlichen Hochebenen Tibets mit ihren magnetischen Wellen und Lichtwundern* überquert, wenn ihr Zeugen hört und selbst Zeuge seid – wißt ihr um die Mahatmas. Ich gedenke nicht, euch von der Existenz der Mahatmas überzeugen zu wollen. Viele Menschen sahen sie, sprachen mit ihnen, empfingen Briefe und andere Gegenstände von ihnen."[35]

---

* Gemeint sind hier ähnliche Phänomene wie die „UFOs", die „Unbekannten Fliegenden Objekte", die beide Roerichs mehrfach während ihrer Reise im Himalaya beobachteten und beschrieben und über deren okkulte Herkunft weiter unten gesprochen werden wird.

Und obwohl die beiden Roerichs recht selten ihre eigenen Begegnungen mit den Mahatmas des Himalaya erwähnen, da, strengen Anweisungen folgend, „der Aufenthaltsort der Lehrer nicht nur nicht weitergegeben, sondern auch nicht ausgesprochen werden darf“[36], fanden dennoch, wie die weitere Darstellung zeigen wird, wiederholt Kontakte statt.

Mehrere Gespräche mit den Mahatmas wurden später im dritten Band von „Agni Yoga“ veröffentlicht. Dieses Buch mit dem Titel „Gemeinschaft“ trägt den Untertitel „Blätter der Gespräche des erhabenen Mitglieds der Gemeinschaft des Ostens“. Und auch hier hat der Stil wie in den zwei ersten Büchern die Form eines direkten Diktats von einem oder mehreren östlichen Lehrern: „Eure Bücher stehen in Unseren Bibliotheken“, teilen sie H. Roerich mit, „ist das mit Unseren Büchern bei euch das gleiche? ... Habt ihr die Unseren gelesen? ... Grüße [von] der Gemeinschaft des Ostens!“[37] Die in diesem Band enthaltenen Niederschriften der Gespräche der Roerichs mit den Mahatmas sind mitunter in seltsamem Russisch gehalten, „mit östlichem Akzent“, wie A. Ter-Akopjan in ihrem Vorwort bemerkt, und dann fährt sie fort: „Helena Iwanowna [Roerich] ist eine äußerst feine Stilistin, hier aber schrieb sie, was sie hörte, mit allen Fehlern, Wiederholungen ... stammelnden Äußerungen.“[38]

Und was hat nun H. Roerich von ihren Inspiratoren, den östlichen Lehrern, den Bewohnern des irdischen Schamballa in den Schluchten des Himalaya erfahren? Da erwartet den Leser wahrhaftig sehr Unerwartetes. In der „Gemeinschaft“ heißt es: „Welche Merkmale schätzen die Lehrer? Ihr kennt schon die Eigenschaften des Handelns und könnt neue Einstellungen zum Handeln bemerken. Man muß dem Lehrer den Vorzug geben, der neue Wege geht. Da haben die Menschen des nördlichen Landes [Rußlands] ein ausgezeichnetes Beispiel – ihren Lehrer Lenin. [Das Wort „Lehrer" ist im Original mit großen Anfangsbuchstaben geschrieben, obwohl das Russische die Großschreibung der Hauptworte nicht kennt.] Er kannte den Wert neuer Wege. Jedes Wort seiner Predigt, jede Handlung trug den Stempel unvergeßlicher Neuheit. Dieser Unterschied von anderen Menschen schuf eine rufende Macht. Er war kein Nachahmer, kein Interpret, sondern ein mächtiger Maurer neuer Erze. Man muß den Ruf des Neuen zur Grundlage nehmen."[39] Und dann fahren die östlichen Mahatmas fort: „Die Festigkeit des furchtlosen Denkens schuf Lenin eine Aureole von links und rechts. Selbst bei Krankheit verließ ihn das feste Denken nicht. Sein Bewußtsein konzentrierte sich wie in einer Höhle, und anstelle von Unzufriedenheit und Klagen nutzte er auf erstaunliche Weise die letzte Zeit. Und er schickte viele schweigende Willens-Emanationen zur Stärkung der Sache. Seine letzten Stunden waren gut. Sogar den letzten Atemzug sandte er dem Volke. Beim Anblick der Unvollkommenheit Rußlands kann man viel um Lenins wegen akzeptieren, denn es gab keinen anderen, der um des allgemeinen Wohles willen eine größere Last hätte auf sich nehmen können. Aber nicht wegen der Krankheit, sondern aus Gerechtigkeit half er sogar der Sache Buddhas. Und es gab kein Gebiet, das er wie manch anderer Regent zurückgewiesen hätte. Seine Bücher lieben wir weniger, sie sind ziemlich lang, und das Wertvollste an ihm kommt in seinen Büchern nicht zum Ausdruck. Er liebte selbst seine Bücher nicht. Lenin – das ist Handeln und nicht Theorie."

Und weiter wird von seiner kosmischen Bedeutung gesprochen. „Nehmt das Erscheinen Lenins als ein Zeichen für die Feinfühligkeit des Kosmos ... Achten wir Lenin mit allem Verständnis. Zeigen wir die feste Bejahung des Lehrers, der bei Erfolg und Mißerfolg ein beständiges Brennen bewahrte. Indem er niederriß, schuf er das Bewußtsein des Volkes." Und dann wird allen Anhängern von Agni Yoga auch angeraten, dem „Führer" zu folgen: „Lenin dachte weit und verstand die Materie. Sie können doch wohl wirklich dem Führer wenigstens ein Stück weit folgen?" „Der Lehrer wird ein natürlicher Führer sein. Man kann sich freuen, daß Lenin als ein solcher Lehrer anerkannt wird." „Als Schüler Lenins blickt mit Adleraugen, und mit löwenhaftem Sprung nehmt die euch zugeteilte Macht in Anspruch. Zögert nicht!" Und schließlich teilen die Mahatmas vom Himalaya Roerichs das wohl Wichtigste mit: Sie berichten von ihren Begegnungen nicht nur mit Lenin, sondern auch mit Marx: „Wir kennen das monolithische Denken. Wir sahen Lenin in der Schweiz. Unser Mitarbeiter sprach mit ihm in Moskau. Er hat seine Anschauungen nicht gewechselt, nicht unentschlossen gedacht. Jeder kannte die Unerschöpflichkeit seiner Behauptungen." Und weiter über die Kontakte mit dem Begründer des Marxismus: „Wir kennen die Bücher von Marx und Engels, es sprachen sogar unsere Repräsentanten mit Marx. Alle ihre Thesen können wir leicht annehmen. Wir finden [in ihnen] keine Verknöcherung oder Ablehnung der Materie. Es ist töricht, daß der Westen unsere einfachen, von langer Erfahrung erhärteten Thesen nicht angenommen hat." Und dann beschreibt einer der Mahatmas H. Roerich diese Begegnungen noch eingehender: „Ich sagte schon, daß unsere Repräsentanten Marx in London und Lenin in der Schweiz besuchten. Deutlich wurde das Wort Schamballa ausgesprochen. Zu verschiedenen Zeiten fragten beide Führer gleichermaßen: ‚Welche Merkmale des Zeitalters hat Schamballa?' Es wurde geantwortet: ‚Das Zeitalter der Wahrheit und der Weltgemeinschaft.' Beide Führer sagten gleichermaßen: ‚Möge Schamballa recht bald beginnen.' An den Worten der Führer messen wir die Nachfolger. Wir können in den Marxismus und Leninismus die Enge der Unwissenheit nicht einschließen. Wenn der Unwissende es wagt, sich Marxist oder Leninist zu nennen, sagt ihm streng, das ist ein offensichtlicher Verrat an den Grundlagen der Gemeinschaft. Forscht, wie wird im Osten das Wort Schamballa ausgesprochen? Versucht, wenn auch nur ein wenig, in die Ideologie dieses Begriffes einzudringen. Versucht, den Rhythmus der Rede über Schamballa zu verstehen, und ihr werdet die große Wirklichkeit empfinden, die die Saiten der Menschheit erschüttert."

So konnten Roerichs nicht irgendwo, sondern im Herzen Asiens, im weit entfernten Himalaya, interessante Details über die okkulten Grundlagen des Marxismus-Leninismus und sogar seine Verbindung mit „Schamballa" erfahren.

Der positiven Einstellung der Mahatmas des Himalaya zum Bolschewismus und seinem Sieg in Rußland im Jahre 1917 begegnete das Ehepaar Roerich jedoch erstmals nicht im Himalaya, sondern sieben Jahre früher in London.

Wie bereits oben erwähnt, begann H. Roerich die Lehre des Agni Yoga, deren Quelle das „Diktat" der Mahatmas ist, im Frühling 1920 in der britischen

Hauptstadt niederzuschreiben. Zur selben Zeit begannen Roerichs auch, die ersten Gruppen zur Erarbeitung desselben zu gründen. Und diese ganze Tätigkeit war die direkte Folge ihrer ersten unmittelbaren Begegnung mit den Mahatmas auf dem physischen Plan, einer Begegnung, die auch in London stattfand. In der Folge erwiesen die Mahatmas dem Ehepaar Roerich, wie sie selbst es formulierten, sogar „materielle“ Hilfe. Daran erinnerten diese die Roerichs bei deren abermaliger Begegnung, die diesmal im Himalaya stattfand: „Mitunter wird unsere Gemeinschaft des Einsiedlertums und des Unwillens bezichtigt, den Menschen zu helfen. Ihr selbst wißt, [wie es steht,] und habt uns in London, New York und Sikkim gesehen und unsere Mitarbeiter in Moskau.* Es steht euch wohl an zu sagen, daß wir in den Umständen und in der Kleidung beweglich waren. Wir erfuhren rechtzeitig von den Nöten und Ankünften. Man muß zugeben, daß unsere Londoner Maskierung erfinderisch war, und der Wunsch, die größtmögliche Hilfe zu leisten, war bedeutend. Unsere gegenständlichen Sendungen nach Paris und Sikkim waren nicht klein. Wir wissen, daß unsere Briefe schnell ankommen und sich unsere Boten nicht verspäten. Sagt das den jungen Freunden.“ (Gemeint sind die Mitglieder der von Roerichs gegründeten Gruppen von Agni Yoga.)

Mit welchen Worten aber begann die Darstellung der neuen Lehre, welche die erste Botschaft der Mahatmas war? Die Antwort finden wir in den Eingangsstro-

---

* Hier werden wohl einige Tibeter erwähnt, die vor der Revolution in Moskau und Petersburg waren und die versucht hatten, mit Nikolaus II. in Kontakt zu treten und auf ihn Einfluß auszuüben. (Siehe dazu Genaueres in Anhang III.)

phen des ersten Buches, „Blätter aus dem Garten Morias“, das die vierzehnbändige Serie des „Agni Yoga“ eröffnet. Dieses Buch beginnt mit den folgenden Hinweisen des Mahatma: „Dem neuen Rußland meine erste Botschaft.“ Und dann folgt ein Appell an Nikolaj und Helene Roerich:

„Du, der du ein Ashram gegründet hast,
Du, die du zwei Leben* geschenkt hast,
verkündet ...“

Weiter folgt ein Versprechen, Schutz zu gewähren: „Ich schließe euch in [meinen] Schutz ein – seid tätig. Ich habe gesprochen.“

Dieser Befehl des Mahatma, die Lehre des Agni Yoga zu begründen und auch in Zukunft zu verbreiten, ganz besonders im „neuen“ (das heißt bolschewistischen) Rußland, befolgte das Ehepaar Roerich sein ganzes Leben lang unerschütterlich. Am Ende ihres Lebens bereiteten sie sogar ernstlich ihre Rückkehr in die Heimat vor, was jedoch nur nach ihrem Tode ihrem ältesten Sohn, dem Orientalisten Jurij Roerich gelang.

Dem Hauptziel – der künftigen Verbreitung der Lehre gerade bei den slawischen Völkern und insbesondere dem russischen Volk – sollte nicht nur die Tatsache dienen, daß die vierzehn Bände des „Agni Yoga“ in russischer Sprache geschrieben wurden, sondern vor allem der besondere Stil der Darstellung, der sich etwa vom vierten Band der Serie endgültig ausgebildet hatte und der, nach den Intentionen der Inspiratoren des Werkes, gerade den psychologischen Eigenarten der

---

* Das Ehepaar Roerich hatte zwei Söhne.

russischen Seele entsprechen sollte, um deren Entwicklung in eine bestimmte, für sie wünschenswerte Richtung zu lenken. Man könnte den wichtigsten Zug des Agni Yoga als rein östlicher Lehre, deren Form jedoch der slawischen Seele und Psychologie angeglichen wurde, charakterisieren.

In Zusammenhang mit der positiven Einstellung der östlichen Mahatmas zum Bolschewismus und ihrer Beteiligung sogar an der Vorbereitung des bolschewistischen Umsturzes im Jahre 1917 taucht die Frage auf, ob es wohl, wenn auch nur indirekte, Kontakte zwischen ihnen und jenen geheimen westlichen Gesellschaften gab, in denen bereits im letzten Viertel des 19. Jahrhunderts die Idee des „sozialistischen Experiments" im Osten Europas entwickelt wurde.[40] Für solche Kontakte konnte N. Roerich, der viele Jahre in Amerika lebte und es später immer wieder besuchte und dort viele hochgestellte Persönlichkeiten kennenlernte, als idealer Mittler dienen.*

Es ist deshalb die Konsequenz der Reisen des Ehepaares Roerich sowohl nach Indien wie nach Amerika interessant. Dabei ist das oben angeführte Zeugnis ihrer Begegnungen mit den Mahatmas in London, New York und dem Fürstentum von Sikkim im Nordosten Indiens zu beachten. So wohnte das Ehepaar Roerich von 1919–1920 in London, von 1920–1922 in Amerika, meist in New York. Von da aus besuchten Roerichs im

* In der Regel befinden sich die Okkultisten der geheimen westlichen Gesellschaften in einem „Geheimkrieg" mit den östlichen Okkultisten. Es hat jedoch den Anschein, als ob in der Frage der Einführung des sozialistischen Experimentes zuerst in Rußland und sodann in einigen anderen Ländern ein Kompromiß, ja sogar für eine kurze Zeit, wenn auch aus verschiedenen Gründen, eine Vereinigung ihrer Bemühungen gelang.

Jahr 1923 erstmals Sikkim. 1924 befanden sie sich abermals in New York, wo sie ohne Mühe die Erlaubnis erhielten, die von ihnen geplante große Himalaya-Expedition unter amerikanischer Flagge durchzuführen. Unmittelbar danach, noch auf dem Weg von Amerika nach Indien, suchte N. Roerich das sowjetische Konsulat in Berlin auf.

Von diesem ersten direkten Kontakt mit den offiziellen Vertretern der bolschewistischen Regierung wird eingehend in der Roerich-Biographie gesprochen, die 1973 in Moskau herauskam. Nach dieser Quelle berichtete N. Roerich dem Konsul ausführlich von seiner engen Bekanntschaft mit den Mahatmas und den politischen Führern Indiens, die sich in Opposition zu der englischen Kolonialmacht befanden. Wie Roerich dem Konsul darlegte, „glaubten die Mahatmas an die Zukunft Sowjetrußlands, an dessen befreiende Aufgabe, und setzten darauf große Hoffnungen."[41] Auch wird in der Biographie noch das folgende Detail erwähnt: „Auf die dringende Bitte Roerichs hin wurde das Gespräch wörtlich protokolliert und nach Moskau geschickt", und als Antwort darauf erfolgte bald die Verfügung der bolschewistischen Regierung, daß N. Roerich „mit der notwendigen Hilfe von seiten der sowjetischen Macht rechnen könne".

Nun folgte eine große, dreijährige Expedition des Ehepaars Roerich durch den Himalaya. Sie wurde unter zwei symbolischen Zeichen durchgeführt, unter der amerikanischen Flagge und dem Schamballa-Thangka mit der Darstellung des Maitreya-Buddha. Jeden Abend wurden beide Fahnentücher über dem Lager aufgezogen. Die Reise selbst begann und endete mit einem Besuch in Sikkim (1925–1928). In der Mitte jedoch erfolgte eine unerwartete Reise des Ehepaars Roerich nach Moskau, über deren Ziele weiter unten gesprochen werden wird. In Moskau besuchte das Ehepaar Lichtmann, das eigens dafür aus den Vereinigten Staaten anreiste und später Mitarbeiter des Roerich-Museums in New York werden sollte, das Ehepaar Roerich. Bald nach Beendigung der Expedition folgte dann eine weitere Reise der Roerichs nach New York (1929). Das letzte Mal hielten sich Roerichs im Jahre 1934 in Amerika auf.

Davon, daß N. Roerich in Nordamerika rasch freundschaftliche Sponsoren, Gönner und Anhänger fand, sogar in Kreisen, die der amerikanischen Regierung nahestanden, spricht die Tatsache, daß Roerichs Pakt zum Schutz der Kulturdenkmäler vom Präsidenten der Vereinigten Staaten, Roosevelt, am 15. April 1935 unterzeichnet wurde. Außerdem gehörten zum Kreis von Roerichs Bekannten in Amerika Präsident Hoover, der Bürgermeister von New York, Walker, der Landwirtschaftsminister H. Wallace, die Spitzen vieler amerikanischer Staaten und so fort. Von der Bekanntheit Roerichs zeugt auch der Versuch, ihn 1929 für den Nobel-Preis vorzuschlagen zusammen mit dem Staatssekretär der Vereinigten Staaten, dem britischen Premierminister und einem amerikanischen Senator.[42] Wie J. Decter in ihrer Monographie über Roerich darstellt, verdankt Amerika N. Roerich zudem die Abbildung der Pyramiden auf einer Dollarbanknote. (Siehe dazu Anhang IV.)

Die Frage allerdings, ob es Kontakte zwischen N. Roerich und jenen Geheimgesellschaften des Westens gab, von denen Rudolf Steiner als den wahren „Vätern“ des sozialistischen Experiments in Osteuropa sprach[43], muß, da es keine direkten Beweise gibt, offenbleiben. Nichtsdestoweniger waren die Versuche des Ehepaars Roerich, die alte Spiritualität Tibets und Indiens mit dem Materialismus und dem einseitigen wissenschaftlich-technischen Fortschritt des Westens zu verbinden, als dessen Symbol zu Recht Nordamerika angesehen wird, nur eine weitere Form jener Verbindung der luziferischen und ahrimanischen Mächte, die, wenn auch in etwas anderer Gestalt, in dem sozialistischen Experiment in Erscheinung getreten ist, dem von 1917 an der Osten Europas und später viele andere Länder in den verschiedensten Weltteilen unterworfen wurden.

Rudolf Steiner sagte in diesem Zusammenhang: „Was wird da versucht in der osteuropäischen Kultur? Da wird versucht, alles, was Menschliches ist, was als Menschliches sich in der menschlichen Leiblichkeit verkörpert, auszuschalten, und Luzifer mit Ahriman in ihrer Reinkultur zusammenzuspannen. Würde dies heute verwirklicht im Osten [Europas], so würde eine Schöpfung aus der Kompagnie-Arbeit von Luzifer und Ahriman auftreten, mit Ausschluß alles dessen, was dem individuellen Menschen frommt; und dieser würde in diese luziferisch-ahrimanische Kultur hineingespannt wie das Glied einer Maschine in den ganzen Gang dieser Maschine, nur daß das Glied einer Maschine leblos ist und sich daher einspannen läßt, während die menschliche Natur innerlich lebendig, durchseelt, durchgeistigt ist und in eine bloß luziferisch-ahrimanische Organisation nicht hineinpaßt, sondern dabei zugrunde gehen muß.“[44]

Und keine Aufrufe des Ehepaars Roerich zur

Menschlichkeit und einem behutsamen Umgehen mit der irdischen Kultur und den historischen Denkmälern ändert etwas an der tatsächlichen Lage der Dinge.

4.
Die Mission von H. und N. Roerich im bolschewistischen Rußland

Eine besondere Bedeutung in allen diesen Beziehungen kommt dem kurzen Moskaubesuch des Ehepaars Roerich im Jahre 1926 zu, wegen dem sie ihre vieljährige Himalaya-Expedition für kurze Zeit unterbrachen. Diese Reise führten sie auf direkte Anweisung der Mahatmas durch, und sie hatte zum Ziel, eine wichtige, ihnen von den Mahatmas aufgetragene Aufgabe zu erfüllen. Dabei handelte es sich um das Folgende.

Die Himalaya-Expedition begann 1925 in Kaschmir im nordwestlichen Indien, wohin Roerichs direkt aus Sikkim anreisten, wo sie sich zunächst mit den Mahatmas getroffen hatten. Während ihres Kaschmir-Aufenthaltes beschäftigten sie sich intensiv mit dem Sammeln von Legenden und Überlieferungen, nach denen Jesus Christus nicht in Palästina am Kreuz gestorben, sondern gerettet und auf wunderbare Weise zu seinem geistigen Lehrer Tschitan Natche in den Himalaya gebracht worden sei, bei dem er von seinem 14. bis zum 30. Jahre Unterricht erhalten haben soll. Später habe er dann mehrere Jahre in Kaschmir gelebt und sei auch dort gestorben. Auf seinem Grab, das bis jetzt noch dort vorhanden sei, stehe die Inschrift: „Hier ruht Issa [Jesus], der Sohn Josephs.“ Wie ernst das Ehepaar Roerich diese Legende nahm, davon zeugt ein von N. Roerich gemaltes Bild zu diesem Thema mit der Inschrift: „Issa und das Haupt des Riesen“. Darauf ist eine einsame Gestalt dargestellt mit einem Nimbus um den Kopf, dessen Umriß an Jesus erinnern soll, der auf einen gigantischen Schädel, welcher einst einem Riesen gehörte, in eines der Täler des Himalaya schaut.*

Von Kaschmir begab sich die Expedition durch den westlichen Himalaya nach Norden. Und auf diesem Abschnitt des Weges wurde, mit den Worten des Mahatmas, auch das dritte Buch von „Agni Yoga“, „Gemeinschaft“, geschrieben, obwohl es möglich ist, daß der Inhalt auf die Begegnungen in Sikkim zurückgeht. Zudem gaben die Mahatmas dem Ehepaar Roerich noch den ganz konkreten Auftrag, Moskau zu besuchen und der bolschewistischen Regierung ihren Brief und geheiligte Erde des Himalaya für das Grab Lenins zu überbringen. In Erfüllung des Auftrags der Mahatmas führten Roerichs ihre Expedition mit deren Brief und den Geschenken direkt bis zur Grenze Rußlands und befanden sich bereits am 13. Februar in Kashgar, unweit derselben. Es folgte sogleich ein Besuch des sowjetischen Konsulats und eine intensive Lektüre der

---

* Siehe Anhang V. – 1988 kam in Srinigar (Indien) ein Buch des Historikers F. Chassanaiya aus Kaschmir unter dem Titel „Fünftes Evangelium“ heraus, in welchem Zeugnisse, Legenden und Überlieferungen vom Aufenthalt von Jesus in Indien vor und nach seinem dreijährigen Wirken in Palästina gesammelt wurden. Der indische Gelehrte beruft sich in seinem Buch darauf, daß die wichtigste Quelle für seine Untersuchungen ein tibetisches Manuskript sei, welches der russische Maler Nikolaj Roerich 1925 gefunden habe. (Siehe den Sammelband „Indien“, Kap. „Jesus Christus in Indien, Legenden und Sagen“, Moskau 1991.)

sowjetischen Zeitungen, unter deren Eindruck Roerich in einem Brief schrieb: „Mit Begeisterung lasen wir die ‚Iswestija', was für ein herrlicher Aufbau, und besonders berührte uns die Verehrung, die dem Namen des Lehrers – Lenins – entgegengebracht wird ... Das ist wirklich ein neues Land, und das Morgenlicht des Lehrers leuchtet hell über ihm ..."[45] In Urumtschi, der nächsten größeren Stadt, bleiben Roerichs einige Wochen in Erwartung des sowjetischen Visums. Jeden Abend besuchen sie das sowjetische Konsulat und lesen dem Konsul Auszüge aus dem Buch „Gemeinschaft" über die Beziehung der Mahatmas zu Lenin und der bolschewistischen Revolution vor.[46] Zum Geburtstag Lenins entwirft N. Roerich auf Bitten des Konsuls in einer Nacht eine Skizze zum Postament der gerade aus Moskau eingetroffenen Büste des „Führers" in der Form einer abgestumpften Pyramide.

Schließlich fahren Roerichs nach Empfang des Visums mit der Bahn über Omsk nach Moskau. Mehr noch: neben der Einreiseerlaubnis in das bolschewistische Rußland kam aus dem Zentrum offensichtlich noch eine besondere Anweisung für das OGPU – so nannte man den KGB in den zwanziger Jahren, dem Ehepaar Roerich auf seinem Weg nach Moskau auf jede Weise zu helfen und mit ihm zusammenzuarbeiten.

Im Zusammenhang damit bemerkt Roerich bereits in Omsk in seinem Reisetagebuch: „9. Juni [1926], Omsk: Wir begeben uns in das OGPU zur Aufbewahrung unserer Waffen. Abermals dieselbe Zuvorkommenheit und Fürsorge. ‚Womit können wir behilflich sein?' 10. Juni: Wir reisen weiter. Der Zug soll um Mitternacht abfahren. Das OGPU hat den Befehl gegeben, beim Einsteigen zu helfen... Der Zug [Omsk – Moskau] fährt um Mitternacht ein. Der Agent vom OGPU geht vorbei und zeigt uns mit den Augen an, daß alles in Ordnung ist."[47] Dort treffen sie sich mit dem Volkskommissar für Auswärtige Angelegenheiten, G. Tschitscherin, und dem Volkskommissar für das Bildungswesen, A. Lunatscharskij. Im Laufe eines mehrstündigen Gesprächs mit den zwei offiziellen Vertretern der bolschewistischen Regierung spricht N. Roerich eingehend von „der Möglichkeit, Rußland mit Hilfe der Mahatmas mit der großen buddhistischen Welt zu vereinigen"[48], und er übergibt Tschitscherin eine Schatulle mit geheiligter Erde vom Himalaya sowie den Brief der Mahatmas.

„Ein halber Kommunist und ein halber Buddhist", so bezeichnete Tschitscherin Roerich nach seinem Besuch bei ihm. In dem Brief aber schrieben die Mahatmas: „Wir senden Erde für das Grab unseres Bruders, des Mahatma Lenin." „Im Himalaya wissen wir um das von Ihnen Vollbrachte. Sie schafften die Kirchen ab, die Quelle von Lüge und Aberglauben. Sie vernichteten das Philistertum, die Quelle der Vorurteile. Sie zerstörten das Gefängnis der Erziehung. Sie vernichteten den Samen der Heuchelei. Sie verbrannten das Heer der Sklaven. Sie zerdrückten die Spinnen der Profitmacherei. Sie schlossen die Tore der nächtlichen Lasterhöhlen. Sie befreiten die Erde von den geldgierigen Verrätern. Sie erklärten, daß die Religion die Lehre von dem allumfassenden Wesen der Materie ist. Sie erklärten die Nichtigkeit des persönlichen Eigentums. Sie errieten die Entwicklung der Gemeinschaft. Sie brachten den Kindern die ganze Macht des Kosmos. Sie öffneten die Fenster der Schlösser. Sie sahen die

Dringlichkeit, neue Häuser für das allgemeine Wohl zu bauen."

Weiterhin sprachen die Mahatmas von ihren eigenen Angelegenheiten: „Wir geboten einem Aufstand in Indien Einhalt, als dieser zu früh ausbrechen wollte, während wir anerkennen, daß Eure Bewegung zur rechten Zeit entstand, und senden Ihnen unsere Hilfe und bestätigen die Einheit Asiens. Wir wissen, viel wird in den Jahren 1928–31–36 geschehen und aufgebaut werden. Wir grüßen Euch, die Ihr das allgemeine Wohl sucht![49] *

Neben den Gaben der Mahatmas bringt Roerich der bolschewistischen Regierung auch eigene Geschenke. Lunatscharskij übergibt er einen Zyklus von sieben Bildern mit dem gemeinsamen Titel „Der Maitreya" sowie ein Großgemälde mit dem Titel „Die Zeit ist gekommen", wo über einer ruhenden Erde das Haupt eines gigantischen Ritters erscheint, der nach Osten blickt und in dessen Antlitz die Gesichtszüge Lenins deutlich zu erkennen sind.[50] Die Idee des Bildes erklärte der Künstler selbst folgendermaßen: „Es hat die Zeit für die östlichen Völker begonnen, von jahrhundertelangem Schlaf zu erwachen, die Ketten der Sklaverei abzuwerfen." Was nach seiner Meinung durch eine möglichst schnelle Ausbreitung des Bolschewismus von Rußland aus über ganz Asien geschehen müsse.

---

* Im Zusammenhang mit diesem Brief der Mahatmas an die bolschewistische Regierung wie auch im Zusammenhang ihrer Hinweise in den Briefen von H. Roerich an den amerikanischen Präsidenten F. D. Roosevelt (siehe Anhang IV) bleibt eine Frage ungelöst: Wurden diese Briefe schon in fertiger, schriftlicher Form den Roerichs gegeben oder direkt von den Mahatmas diktiert bei einer Begegnung mit ihnen, oder übermittelten sie sie in mediumistischer Form, im okkultem Diktat, so wie alle Bände von „Agni Yoga"?

Wir wollen uns jedoch noch etwas eingehender mit der Botschaft der Mahatmas beschäftigen, die 1925 geschrieben wurde, und versuchen, die wichtigsten Momente herauszugreifen. Es sind deren drei. Erstens wird Lenin in den Rang eines Mahatma erhoben, und es wird auf die Hilfe verwiesen, welche die Mahatmas 1917 dem bolschewistischen Umsturz sowie der darauf folgenden Festigung der bolschewistischen Macht und Ideologie angedeihen ließen: „Wir senden Ihnen unsere Hilfe."

Zweitens folgt der prophetische Hinweis auf die Jahre 1928–31–36, während deren die Bolschewisten unter der Führung von Stalin zum totalen Terror übergingen. 1928 – Vorbereitung und Beginn der Zwangskollektivierung, verbunden mit der allgemeinen Vernichtung des Bauerntums; 1931 – der Prozeß der Industrialisierung erfaßt das ganze Land und verwandelt es allmählich in ein riesiges Arbeitslager; 1936 – Beginn des Massenterrors, der 1937 seinen Höhepunkt erreichte, als Millionen Menschen ohne Urteil und Untersuchungsverfahren erschossen oder ins Lager geschickt wurden (die sogenannte erste Welle der stalinistischen Massenrepressionen).

Und schließlich das dritte und vielleicht wichtigste Moment. In dem an die Bolschewisten gerichteten Brief heißt es: Ihr erklärtet, „daß die Religion die Lehre von dem allumfassenden Wesen der Materie ist."

Um diese so seltsame „Offenbarung" der Mahatmas besser zu verstehen, muß man sich einigen anderen, noch seltsameren „Offenbarungen" in dem Buch „Gemeinschaft" zuwenden. Dort teilen die Mahatmas aus dem Himalaya H. Roerich mit: „Kollektivismus und

Dialektivismus* sind zwei Hilfen beim Nachdenken über den Materialismus. Das Wesen des Materialismus hat eine besondere Beweglichkeit, es läßt keine einzige Lebenserscheinung aus. Der Lehrer stellt nur die notwendigen Meilensteine auf. Man kann Grundsätze entwickeln, wenn man auf die genannte Weise vorgeht. Man muß den Materialismus bis zu einem solchen Grad veranlagen, daß alle wissenschaftlichen Errungenschaften der Gegenwart konstruktiv in das Verständnis des Materialismus eingehen können. Wir sprachen über die Astralleiber, die Magneten, das Leuchten der Aura, die Ausstrahlung jedes Gegenstandes, die Verschiebung der Sensibilität, die Veränderung der Schwerkraft, über das Durchdringen einer Schicht der Materie durch eine andere, wie Gedanken durch den Raum geschickt werden, über die Erscheinung des Zementierens des Raumes, über das Gefühl der Zentren, das Verstehen des Wortes Materie. Viel Unsichtbares, durch Apparate Wahrnehmbares muß durch denjenigen erfaßt werden, der die Technik ins Leben einführen will. Man muß an die Stelle des idealistischen Speichels den harten Verstand setzen. Wir Materialisten haben das Recht, die Achtung und Anerkennung der Materie zu fordern."[51]

„Der kindliche Materialismus ist ein Betäubungsmittel für das Volk, aber der Materialismus des aufgeklärten Wissens wird eine Siegestreppe sein."

Und dann fahren die Mahatmas, vermutlich in Erinnerung an ihre Begegnungen mit Lenin in der Schweiz fort:

---

* Gemeint ist „Dialektik". Das Wort wurde von H. Roerich falsch geschrieben.

„Wir sahen bereits, wie der Kommunist die Lehre aufnimmt. Wir sahen, wie leicht es ist, mit einem Kommunisten zu sprechen. Für den einen sind wir Mahatmas, für den anderen Wissenschaftler, für den dritten Aufrührer, für den vierten das Komitee der Revolution, aber die Lehre selbst entspricht allen Hoffnungen der Kommunisten. Unsere Bedingungen für die Mitarbeiter: ein entschiedener Wille, unsere Grundsätze auf das Leben anzuwenden, keine Theorie, sondern Praxis."

Und in diesem Zusammenhang wird von der Notwendigkeit gesprochen, „die Materialität des Denkens zu lehren". Weiter teilen die Mahatmas mit: „Ihr denkt richtig, daß der Kommunismus ohne die Errungenschaften der Technik nicht möglich ist ... *als Praktiker-Materialisten* können wir das durchaus bestätigen." Diese Worte ähneln dem bekannten Aphorismus Lenins: „Kommunismus, das ist die sowjetische Macht plus Elektrifizierung des ganzen Landes", was als Grundlage diente, das ganze Land langsam in ein riesiges Arbeitslager zu verwandeln.

So sehen auch die Mahatmas das zukünftige Zeitalter des Maitreya (die Wassermann-Epoche): „Der Buddha prägte sich als Mensch, als der bejahende Lehrer. Mit dieser löwenhaften, feurigen Bejahung gelangte er bis zur Vorschau des Maitreya – *des Zeitalters der Erkenntnis der Größe der Materie.* Bejaht die Materie in all ihrer Mannigfaltigkeit und Einheit!" Deshalb „finden wir in der Lehre Buddhas nicht nur eine materialistische Philosophie, sondern auch eine praktische Verbesserung jedes Tages ... Wir werden den Buddha niemals sanftmütig nennen, im Gegenteil, er war ein unverzagter Führer, ein Kämpfer für die Gemeinschaft und die Materie, ein Held der Arbeit und Einheit."

An diesen und vielen anderen Stellen der „Gemeinschaft" setzt diese Mischung von bolschewistischer Terminologie und buddhistischen Vorstellungen in Erstaunen. So wird zum Beispiel über die zwei ersten Bände von „Agni Yoga" in der „Gemeinschaft" gesagt: „Wenn dein Denken noch nicht mit dem wahren Hammer und der rechten Sichel gereinigt ist, nimm das Buch ‚Erleuchtung' und das Buch ‚Der Ruf'." Oder: „Wer sich dem wahren Kommunismus weihen will, handelt in Übereinstimmung mit den Grundlagen der großen Materie." Und weiter erklären die Mahatmas direkt: „Mit unserer Gemeinschaft können alle diejenigen gehen, die die Realität und den Materialismus verstanden haben. Es ist unmöglich, sich einen Mystiker oder Metaphysiker hinter unseren Mauern vorzustellen." „Der von der Technik unterstützte Kommunismus verleiht ein mächtiges Streben nach Wissen." Und alles das, im ganzen genommen, nennen sie „die Ideologie von Schamballa".

Besonders verhängnisvoll sind die Folgen der Unterweisungen der Mahatmas in der „Gemeinschaft" bezüglich der Pädagogik und der praktischen Arbeit mit Kindern, wenn man in Betracht zieht, daß heute eine solche Arbeit in vielen „Roerich-Gruppen" geschieht. Mehr noch, es wird bereits unter der Mitwirkung des New Yorker Roerich-Museums „an einem, für die ganze Welt einheitlichen, internationalen Unterrichtssystem gearbeitet"[52]. Und der Beginn seiner praktischen Verwirklichung wurde in Texas gemacht, wo „eine experimentelle Schule begründet wurde, in welcher der Unterricht nach den Ideen von Roerich eingerichtet wurde".

Eine gewisse Vorstellung von diesen „Ideen" können die folgenden Äußerungen der Mahatmas in der „Gemeinschaft" geben: „Es ist notwendig, die Schulprogramme zu überprüfen und die Linie der materiell zuverlässigen Erkenntnis zu verstärken. Der Idealismus des Aberglaubens jagt die Menschen in die Abgründe des Schreckens. Es ist notwendig, diese Aufrichtung des Denkens in den Schulen sofort durchzuführen, sonst wird eine weitere Generation von Dummköpfen den Planeten schänden. Die Naturwissenschaft muß verstärkt werden, nachdem die Bedeutung dieses Wortes verstanden wurde. Die Biologie, Astrophysik und Chemie ziehen die Aufmerksamkeit selbst des jüngsten kindlichen Gehirns an. Gebt den Kindern die Möglichkeit zu denken!"

Oder an anderer Stelle: „Die Volksbildung muß mit dem ersten Unterricht der Kinder in einem möglichst jungen Alter eingeführt werden. Je eher, desto besser. Glaubt uns, Überanstrengung des Gehirns geschieht nur aus Ungeschicklichkeit. Jede Mutter, die an die Wiege ihres Kindes tritt, wird die erste Bildungsformel aussprechen: Du vermagst alles. Das Bewußtsein ‚Ich kann alles' ist nicht Prahlerei, sondern nur ein Sich-Bewußtwerden des Apparates."

Das alles ist das volle Gegenteil der Waldorfpädagogik. Die Mahatmas fordern ein möglichst großes intellektuell-abstraktes Wissen in sehr frühem Alter. Je früher begonnen werde, desto besser sei es. Ganz besonders wichtig sei die Arbeit mit den Kindern *vor dem dritten Lebensjahr,* denn „nur das Bewußtsein bis zum dritten Lebensjahr nimmt die Gemeinschaft leicht auf".

Wir wollen uns auf die angeführten Zitate beschränken, deren Zahl ohne weiteres vermehrt werden könnte. Später werden wir in der vorliegenden Arbeit die okkulten Grundlagen dieser ungewöhnlichen Ergebenheit der Mahatmas vom Himalaya gegenüber dem Bolschewismus betrachten. Zunächst ist nur zu bemerken, daß das Bekenntnis der Mahatmas zu der zentralen Bedeutung des Materialismus als einer allumfassenden Lehre von der Materie keineswegs einfach eine „Erfindung" von H. Roerich ist. Denn ähnliche Äußerungen kann man in dem bereits erwähnten Buch „Briefe der Mahatmas an Sinnett" finden (ein anderer Titel des Buches lautet „Die okkulte Welt"). Gemeint sind hier Briefe, welche ein englischer Journalist von den zwei theosophischen Mahatmas Kut Humi und Moria erhielt, mit denen er durch Blavatskij in Verbindung gekommen war.

Ein solcher Auszug aus einem Brief eines Mahatma (wahrscheinlich Kut Humi), in dem er selbst die Grundlagen der Lehre der Mahatmas des Himalaya über die Materie mitteilt, ist in den Briefen H. Roerichs angeführt. Dabei ist nicht uninteressant, warum sie den Mahatma zitiert und seine Ansicht zu verteidigen sucht. Dieser Brief von H. Roerich ist eine Antwort auf den Brief eines ihrer Schüler, der über den unverhüllten Materialismus, ja sogar Atheismus in der Lehre der Mahatmas empört war. Bevor sie ihrem Korrespondenten antwortet, zitiert H. Roerich zunächst noch einmal die fragliche Stelle aus dem Brief des Mahatma, nachdem sie sie vorher, nach ihren eigenen Worten, mit dem englischen Original verglichen hat.* „Danach zitiert Ihr die *tiefphilosophische* Aussage des

---

* Der Text des Briefes wird, da das Original nicht vorliegt, der russischen Übersetzung entnommen.

Älteren Mahatma: ‚Was aber Gott betrifft, so hat niemand niemals, nirgends Ihn gesehen, so daß wir, wenn Er oder Es nicht das Wesen oder die Natur dieser unendlichen und ewigen Materie ist, ihre Energie und Bewegung, Ihn nicht als ewig, unendlich und selbstseiend ansehen können. Wir weigern uns, ein Wesen oder Sein anzunehmen, von dem wir absolut nichts wissen, denn es gibt beim Vorhandensein der Materie keinen Platz für ihn, wo doch die unumstößlichen Eigenschaften und Qualitäten derselben uns völlig bekannt sind ... mit anderen Worten, *wir glauben allein an die Materie,* an die Materie als sichtbare Natur und an die Materie in ihrer Unsichtbarkeit, als unsichtbarer, allgegenwärtiger Proteus ...“[53]

Diese Worte der Mahatmas stehen in dem Brief, der von Sinnett bereits im Jahr 1881 herausgegeben wurde. Und 1934 versuchte H. Roerich, sie so zu verteidigen: „Sie sind empört darüber, daß die Materie so gepriesen wird. Aber wissen Sie denn nicht, daß in der Esoterik die Materie und der Geist eines sind? Daß die Materie nur eine Differenzierung des Geistes ist? Wissen Sie denn nicht, daß die Materie auch Energie ist, denn das eine besteht nicht ohne das andere? ... Wissen Sie denn nicht, daß der Geist, der Materie beraubt, keine Erscheinungsform hat, anders gesagt, nicht existiert? Wahrhaftig, wir können uns im Handeln und im Denken nicht von der Materie trennen. Wir wenden uns an die höchsten Schichten oder gröbsten Aspekte eben derselben Materie.“[54]

Und in einem anderen Brief fügt H. Roerich hinzu, indem sie auf denselben Einwand antwortet: „Die Materie oder die feinste Substanz der Geist-Materie ist unendlich in ihren differenzierten Ausgestaltungen und sichtbaren sowie unsichtbaren Erscheinungen, aber mit dem reinen Geist zu operieren, ist nicht möglich. Die Unwissenheit trennt und zerlegt alles, aber das Große Wissen des Ostens vereinigt und synthetisiert alles."[55]

Aus den angeführten Zitaten geht eine erstaunliche Konsequenz im Wirken der Mahatmas hervor, angefangen bei H. P. Blavatskij und Sinnett bis hin zu H. Roerich mit ihrem „Agni Yoga".

Über die Bedeutung der „Briefe der Mahatmas an Sinnett" sowie ihre Beziehung zu dem Hauptbuch von Blavatskij einerseits und der Lehre der „Lebendigen Ethik" andererseits äußerte H. Roerich: „Aber es ist vergeblich und falsch, die ‚Briefe der Mahatmas' zu verurteilen und zu verneinen. Auf der Grundlage dieser ‚Briefe' wurde der ‚Esoterische Buddhismus' Sinnetts geschrieben. Deren Gehalt, nur weiter ausgearbeitet, ging in die ‚Geheimlehre' [von Blavatskij] ein. Dieser Band ‚Briefe' ist ein gewaltiges Buch, und es wird im Westen sehr geschätzt. Es abzulehnen, bedeutet, sowohl die ganze Lehre abzulehnen, die durch H. P. Blavatskij gegeben wurde, als auch alle Bücher der ‚Lebendigen Ethik'."[56]*

Nun wollen wir uns jedoch wieder dem Ehepaar Roerich zuwenden. Nachdem N. Roerich in Moskau den einen Auftrag der Mahatmas ausgeführt hatte, gab er den Mitarbeitern des Ministeriums des Auswärtigen sofort bekannt, daß er dringend nach Indien zurückkehren müsse, und das unbedingt über die Mongolei, um, nach seinen eigenen Worten, dort weitere „Aufträge der Mahatmas" zu erfüllen.[57]

---

* Später übersetzte H. Roerich den größten Teil dieser Briefe ins Russische.

Sei es dank der magischen Wirkung des Wortes „Mahatmas“ oder aus anderen Gründen, jedenfalls erhielten Roerichs die Erlaubnis, das bolschewistische Rußland praktisch sofort durch die Mongolei und China zu verlassen. Was aber ihren besonderen Auftrag in der Mongolei betrifft, so ist es schwierig, etwas über dessen Inhalt zu sagen, aber am ehesten war er wohl mit der anonymen Ausgabe zweier Bücher von H. Roerich in Ulan Bator, der Hauptstadt der Mongolei, verbunden; der zwei Bücher: „Die Grundlagen des Buddhismus“ und des dritten Bandes von „Agni Yoga“, „Gemeinschaft“, mit allen oben zitierten Äußerungen der Mahatmas über Lenin, den Kommunismus, die bolschewistische Revolution und so fort. Zweifellos sollten diese Publikationen, die sich auf die Autorität der Mahatmas stützten, der weiteren Stärkung und Verbreitung des Bolschewismus in der Mongolei und in China dienen.

Allerdings war die Mongolei zu jener Zeit schon drei Jahre bolschewistisch. Der bolschewistische Umsturz war 1924 dort durch Suche-Bator herbeigeführt worden, der vorher Lenin persönlich im Kreml aufgesucht hatte. Das Ergebnis der Revolution war die Zerstörung fast aller siebenhundert buddhistischen Klöster auf dem Territorium der Mongolei und die Ermordung oder Lagerinhaftierung von mehr als hunderttausend buddhistischen Mönchen. N. Roerich bemerkt in seinen Aufzeichnungen, daß die mongolischen Soldaten-Revolutionäre auf den Straßen von Ulan Bator das folgende Lied sangen (den Text hatte Suche-Bator verfaßt):

„Der Krieg des nördlichen Schamballa.*
Wir sterben in diesem Kriege,
Um wiedergeboren zu werden
Als Krieger des Herrn von Schamballa."

Auch N. Roerich blieb bei diesen Ereignissen nicht abseits stehen. Er überreichte vor der Abreise aus der Mongolei der bolschewistischen Regierung das Bild „Der große Reiter", auf dem der „Herr von Schamballa – der Maitreya" dargestellt ist, in mongolischer Tradition gemalt, auf dessen unterem Teil jedoch die Versammlung des „Großen Chural", des obersten Regierungsorgans der bolschewistischen Mongolei erscheint. Als er dem Oberhaupt der mongolischen Regierung, Zerendorz, das Bild übergab, erklärte Roerich: „Das mongolische Volk baut seine lichte Zukunft unter dem Banner des neuen Zeitalters auf. Der große Reiter der Befreiung jagt über die Weiten der Mongolei dahin... und laut ertönt der Ruf des *roten,* herrlichen Mächtigen Reiters [des Maitreya]."

Und als Antwort auf diese Worte äußerte Zerendorz, der am Vorabend der mongolischen Revolution Lenin gemeinsam mit Suche-Bator aufgesucht hatte: „Mögen sich die Ideen unseres gemeinsamen Lehrers Lenin über die ganze Welt verbreiten, so wie die Flamme auf diesem Bilde, und mögen die Männer, welche dieser Lehre folgen, ihre Arbeit mit derselben Entschlossenheit durchführen, mit welcher der hier abgebildete Große Reiter dahinjagt.[58]

Als Ergebnis erhielten Roerichs einen von der mon-

---

* „Nördliches Schamballa" steht hier für das bolschewistische Rußland. Roerich braucht diese Bezeichnung häufig in seinen Büchern. Siehe zum Beispiel in „Das Herz Asiens", „Schamballa" und in andern.

golischen Regierung für ihre weitere Expedition ausgefertigten Schutzbrief.

Dann führte der Weg des Ehepaars Roerich durch Zentraltibet zurück nach Indien. Die schwierige Expedition, während der sie mehrere bis 5000 Meter hohe Pässe zu überwinden hatten, wurde im Mai des Jahres 1928 dort beendet, wo sie einst begonnen hatte: in dem Fürstentum von Sikkim im Nordosten Indiens, an dem Ort, wo der Mahatma Moria früher H. P. Blavatskij aufgesucht hatte.* Vor Beginn der Expedition hatten Roerichs hier zwei Jahre gelebt (1924–1925). Hier war auch ihre Idee entstanden, und hier hatte auch ihre eigene Begegnung mit den Mahatmas stattgefunden (siehe Zitat auf Seite 41 f). Nun begründet N. Roerich auf dem Rückweg ebenda in Sikkim sein Institut zur Himalayaforschung „Uruswati", was übersetzt „Licht des Morgensterns" oder „Licht der Venus" bedeutet – ein Name, den die Mahatmas gleichzeitig auch H. Roerich gaben (siehe Seite 34 f.), die zu seiner ersten und lebenslangen Präsidentin gewählt wurde. Im Dezember 1928 gehen Roerichs endgültig von Sikkim fort und lassen sich in Kulu im Nordwesten Indiens nieder. Dorthin wird dann auch das Institut zur Himalaya-Forschung verlegt. Von nun an und bis zu ihrem Tod ist Kulu ihr Hauptwohnsitz.

Roerichs behielten jedoch ihre positive Einstellung gegenüber dem Bolschewismus und den „Erfolgen" des

---

* Im Zusammenhang damit schrieb N. Roerich in seinem Reisetagebuch während seines ersten Besuches von Sikkim im Jahre 1923: „In Sikkim befand sich auch einer der Ashrams der Mahatmas. In Sikkim reisten die Mahatmas auf Gebirgspferden. Ihre physische Anwesenheit hat diesen Orten eine feierliche Bedeutung verliehen. Selbstverständlich wurde der Ashram aus Sikkim verlegt. Die Mahatmas haben Sikkim selbstverständlich verlassen. Aber sie sind hier gewesen."[59]

russischen Volkes beim Aufbau seiner „lichten Zukunft“ auch in den folgenden Jahren unverändert bei. So schrieb H. Roerich 1935 in einem ihrer Briefe: „Unsere Heimat hat bereits den Weg der Gesundung betreten und sucht einen neuen, ruhmreicheren Weg. Die erfreulichste Erscheinung ist, daß die Massen zu einem bewußten Leben erwacht sind ...“[60]

Ähnliche Gedanken kann man auch bei N. Roerich finden. Im Jahr 1940 schrieb er: „Große Steine schichtete das russische Volk auf. Zur Verwunderung aller erbaute es keinen babylonischen, sondern einen russischen Turm. Ein hunderttürmiger Kreml von Sonnenträgern! ... Hört ihr – das ist die Zukunft, und was für eine helle!“[61] Oder im Jahre 1941: „Die ganze Welt ist ins Armageddon gestürzt. Alle sind verwirrt. Alle sind unsicher in bezug auf die Zukunft. Das russische Volk aber hat seinen Weg gefunden und strebt in mächtigem Strom seiner hellen Zukunft entgegen.“[62] Und im Jahr 1943 mahnt er: „Die Leninisten mögen sich des Vermächtnisses über den dialektischen Materialismus erinnern.“ Und so fort.[63]

Das Ehepaar Roerich blieb wahrhaftig dem Vermächtnis der Mahatmas des Himalaya bis zum Ende treu. Mehr noch, diese tiefe Ergebenheit dem Osten gegenüber zeigte sich schließlich auch im Äußeren von Nikolaj Roerich, auf dessen Antlitz gegen Ende seines Lebens, trotz seiner russischen und schwedischen Vorfahren, asiatisch-mongolische Züge in Erscheinung traten, ähnlich denen des von ihm und seinen Inspiratoren so verehrten „Mahatma Lenin“.

5.
Die okkulten Grundlagen der Lehre von Agni Yoga

Nachdem wir einige Aspekte der äußeren Tätigkeit des Ehepaares Roerich und der durch H. Roerich gegebenen Lehre charakterisiert haben, müssen wir nun deren okkulte Grundlagen vom anthroposophischen Standpunkt aus betrachten. Da haben wir uns vor allem der so erstaunlichen Tatsache der höchst positiven Einstellung der Mahatmas des Himalaya zum Bolschewismus zuzuwenden. Mit dieser Tatsache ist unzweifelhaft ihre geheimnisvolle Begegnung mit Marx in London und Lenin in der Schweiz verbunden, weiter, daß sie letzteren als „Mahatma" proklamierten, ebenso ihre okkulte und politische Unterstützung des bolschewistischen Umsturzes von 1917 sowie der darauffolgenden Herrschaft der Bolschewisten, wovon sie selbst in ihrem Brief an die sowjetische Regierung sprachen, und so fort.

Die Einstellung der heutigen Anhänger der Roerichs in Rußland zu diesem Brief der Mahatmas ist recht interessant. So schreibt zum Beispiel W. Sidorow, der Vorsitzende der Kommission für den literarischen Nachlaß von N. Roerich, im Vorwort zu der 1990 in Moskau veröffentlichten Neuauflage der ersten, noch in Ulan Bator erschienenen Ausgabe der „Gemeinschaft“: „[Das Sendschreiben der Mahatmas] eröffnete eine in der Geschichte einzig dastehende Möglichkeit: das, was man für eine Legende hielt, zu einem realen Faktor in der Politik zu machen. Waren doch die Verfasser des Sendschreibens, die Mahatmas, geheimnisvolle, gleichsam mythische Wesen. Und nun bot es sich an, regelmäßige Kontakte mit ihnen herzustellen und sogar mit ihrer Unterstützung zu rechnen.“[64]

Und so ist zu fragen: Woher kam wohl dieses offensichtliche Interesse der östlichen Mahatmas am Sieg und an der Ausbreitung des Bolschewismus nicht nur in Rußland und Asien, sondern auf der ganzen Erde? Darauf gibt Rudolf Steiner aus den Quellen der anthroposophischen geisteswissenschaftlichen Forschung eine völlig klare und eindeutige Antwort: „Für diese Eingeweihten des Orients werden die Ergebnisse des Leninismus nichts Schreckhaftes haben, denn diese Eingeweihten des Orients sagen sich: Wenn diese Institutionen des Leninismus sich immer mehr und mehr über die Erde verbreiten, so ist das der sicherste Weg, die Erdenzivilisation zugrunde zu richten. Das aber wird gerade für die Menschen das Günstigste sein, die durch ihre bisherige Inkarnation sich die Möglichkeit verschafft haben, weiter fortzuleben ohne die Erde.“[65]

So beruhigt auch H. Roerich ihre Anhänger. Ihrer Meinung nach „werden alle dem lichten Wissen [dem „Agni Yoga“] und dem allgemeinen Wohl Ergebenen“ im Falle des Unterganges der Erde „zu höheren Planeten übergehen. Traurig wird nur das Los der übrigen sein, die um die Reste des zertrümmerten Schiffes [der Erde] herumflattern oder zum Saturn übergehen müssen.“[66]

Aus den zitierten Worten des Geistesforschers, der seine Erkenntnisse aus der modernen christlichen Einweihung schöpft, haben wir einen deutlichen Hinweis auf die Mahatmas. Denn das Bestreben, die Menschheit von der Erde fortzuführen, bevor ihre Erdenaufgabe erfüllt ist, die aus einer wahren Erkenntnis und Realisierung aller Impulse folgt, welche aus dem Mysterium von Golgatha hervorgehen, das ist die zentrale Aufgabe Luzifers in bezug auf die Erdenentwicklung. Und das kosmische Reich, in welchem allein die Menschheit, die die Erde verloren hat, dann in der geistigen Welt wird leben können, das wird Luzifers Reich sein.

Anders gesprochen: die Hauptinspiratoren der östlichen Mahatmas bei ihrem Wirken zum Erreichen der genannten Ziele sind luziferische Geister. Daher auch ihre von den Mahatmas bereits H. P. Blavatskij eingegebene, tiefe Antipathie gegenüber dem Christentum und die vorbehaltlose Ergebenheit Luzifer gegenüber als „dem großen Wohltäter der Menschheit“ (siehe die Worte Rudolf Steiners auf Seite 21). Zwar wird in den Briefen H. Roerichs oftmals Luzifer als ein böser, negativer Geist erwähnt. In Wirklichkeit beziehen sich diese Hinweise auf Ahriman, den H. Roerich auch Luzifer nennt. Davon zeugen insbesondere ihre Hinweise auf den Fall Luzifers in der vierten Wurzelrasse, auf der Atlantis[67], das heißt in jener Epoche der Erdenentwicklung, als die ahrimanischen Geister zum ersten Mal in die Menschheitsentwicklung eindrangen.[68] Weiter beschreibt H. Roerich in denselben Briefen „Luzifer“ oder „Satan“, der die Menschheit im Paradies versuchte und ihr dadurch die Gabe der Unterscheidung von Gut und Böse brachte, als den großen

Wohltäter der Menschheit, „denn diese Gabe konnte nicht von der Macht der Finsternis gebracht werden, sondern sie wurde opfervoll von den Mächten des Lichtes geschenkt. Deshalb war auch der erste Name dieses Boten Luzifer, der Lichtträger.“[69]

So erweist sich die Lehre des Agni Yoga, da die Christus-Erkenntnis, die das rechte Gleichgewicht zwischen den Finsternismächten Ahrimans und den einseitigen Lichteskräften Luzifers schenkt, H. Roerich nicht zugänglich war, als in den Widerstreit dieser zwei Kategorien geistiger Mächte hineingezogen, den Streit, der in vielen ihrer Briefe als ein Kampf der Mächte des Lichtes mit denen der Finsternis charakterisiert wird, auch Armageddon genannt.

All das besagt aber nicht, daß im Agni Yoga nicht auch ein beachtlicher ahrimanischer Einfluß vorhanden sei. Dieser tritt mit besonderer Stärke in ihrer Lehre von der Materie sowie in dem von ihr entwickelten *okkulten Materialismus* in Erscheinung. Bereits im Brief der Mahatmas vom Jahre 1926 an die bolschewistische Regierung erklären diese offen, daß sie mit der folgenden These des „wissenschaftlichen Materialismus“ übereinstimmen und sie unterstützen. „Sie erklärten, daß die Religion die Lehre von dem allumfassenden Wesen der Materie ist.“ „Wir sind Materialisten; Wir sind Praktiker-Materialisten“, erklären die Mahatmas im dritten Buch von „Agni Yoga“, „Die Gemeinschaft“, offen.

Zu derartigen Äußerungen der Mahatmas, die auf den Seiten 54ff. angeführt wurden, wollen wir hier noch eine weitere, besonders charakteristische anfügen: „Nehmt es an, wenn man euch Materialisten nennt. Im Handeln und Denken können wir uns nicht von der Materie lösen. Wir gehen mit den höchsten Schichten oder gröbsten Erscheinungsformen eben derselben Materie um."[70] Ähnliche Vorstellungen lebten jedoch in den verschiedensten Formen auch seit Blavatskijs Zeit in der Theosophischen Gesellschaft, wo man sich zum Beispiel den seiner Natur nach bereits vollkommenen übersinnlichen Ätherleib als dem physischen ähnlich vorstellte, nur aus „sehr viel feinerer Materie" bestehend oder aus „viel höheren Vibrationen"; im Astralleib stellte man sich dann die Materie noch feiner vor, im Kama-Manas noch mehr verfeinert und so fort.[71] Rudolf Steiner wies mehrfach in seinen Vorträgen darauf hin, daß solche Vorstellungen vom Übersinnlichen grobe Überreste des heutigen Materialismus seien. Zu ähnlichen Überresten ist auch die völlig irrige Vorstellung einiger Theosophen vom „permanenten Atom" zu rechnen, das angeblich als ein dauerndes Teilchen von einer Inkarnation in die andere übergeht und so weiter.[72] Diese öffentliche Hinneigung zum Materialismus tritt bereits, wie wir sahen, in den Briefen der Mahatmas an Sinnett hervor. „Wir glauben allen an die Materie ...", schrieb der Mahatma Kut Humi in einem derselben (siehe Seite 59). Und H. Roerich leitet von dieser These die ganze logische Schlußfolgerung in ihrer Lehre ab: „Außerhalb der Materie reiner Geist – ein Nichts."[73]

Um diese zunächst so seltsam anmutende Vermischung von östlicher Spiritualität und westlichem Materialismus zu verstehen, die Rudolf Steiner bereits 1907 einen „unfruchtbaren Bastard" nannte, müssen wir uns abermals der anthroposophischen Auffassung der achten Sphäre zuwenden und einige ihrer Aspekte näher betrachten. Gemäß den geisteswissenschaftlichen Forschungen Rudolf Steiners ist das Auftauchen der achten Sphäre in der Umgebung der Erde verbunden mit dem *gemeinsamen* Wirken von Luzifer und Ahriman, die, unversöhnliche Gegner auf einer Ebene des Weltenseins, ihre Anstrengungen auf einer anderen Ebene dagegen erfolgreich zusammenschließen können, wie das auf dem linken seitlichen Motiv der Skulptur-Gruppe von Rudolf Steiner dargestellt ist. Dieses gemeinsame Wirken führte zu dem Entstehen der achten Sphäre, die ihrem Wesen nach zu keiner der sieben Sphären oder planetarischen Entwicklungsstufen gehört, durch die der Mensch im Laufe des vollen Zyklus der Weltevolution vom Saturn bis zum Vulkan geht. Entstanden ist die Sphäre folgendermaßen: Zunächst trägt Luzifer, der immer bestrebt ist, das vergangene Stadium der Weltentwicklung zu konservieren, um es auf unrechtmäßige Weise in das folgende Stadium hinüberzutragen, in die heutige Erdenentwicklung Kräfte des alten Mondes, die in ihrer ursprünglichen Form nur in imaginativ-visionärem, atavistischem Hellsehen wahrgenommen werden können.

Der alte Mond war so gebildet, daß sich in seiner geistigen Sphäre noch höhere geistige Welten und deren Gesetzmäßigkeiten wie in einem Spiegel abbildeten. Durch die Durchdringung mit solchen Abbildern während der ganzen Mondenentwicklung konnte sich der alte Mond gegen Ende seines Evolutions-Zyklus in den „Planeten der Weisheit“ verwandeln, der dann, nachdem er durch das Pralaya hindurchgegangen war, der heutigen Erde als Grundlage diente. Diese übersinnliche Substanz des alten Mondes, welche das imaginative Abbild höherer Welten in sich enthält, trägt Luzifer nun auf unrechtmäßige Weise in die Erdenentwicklung hinein. Hier aber verbindet sich ihm Ahriman, der danach strebt, aus der Erdensphäre die sich rechtmäßig in ihr bildende und nur mit ihrer Entwicklung verbundene, dichte, physische Materie herauszureißen und sie mit den von Luzifer vom alten Mond konservierten Weltimaginationen zu imprägnieren. Solche durch Erdenmaterie verdichtete Mondenimaginationen bilden den Inhalt der achten Sphäre.

„Wir sind also", äußerte Rudolf Steiner, „eingespannt in eine Welt von verdichteten Imaginationen, die dadurch nur keine mondhaften Imaginationen sind, daß sie durch das Material der Erde verdichtet sind. Das aber sind die Gespenster, das heißt, hinter unserer Welt ist eine Welt von Gespenstern, geschaffen von Luzifer und Ahriman ... Wir haben also eingeschlossen in unsere vierte Sphäre eine solche Sphäre, die eigentlich Mondsphäre ist, die aber ganz ausgefüllt ist mit Erdenmaterial [d. h. Materie], also eine total falsche Sache im Weltall."[74]

Über die Ziele, welche die Widersachermächte mit Hilfe der achten Sphäre erreichen wollen, sagte Rudolf Steiner dann weiter: „Nichts Geringeres steht bevor nach dieser Intention Luzifers und Ahrimans, als die ganze Menschheitsentwickelung verschwinden zu lassen in die achte Sphäre, so daß sie einen anderen Gang nehmen würde."[75]

Damit dieses nicht geschehe, schickten die Geister der Form (Elohim), welche die Erdenentwicklung leiten, einen der ihren, Jahve oder Jehova, auf den Mond, den er dann allmählich mit so dichter Materie durchdrang, daß Luzifer und Ahriman sie nicht mit sich in die achte Sphäre nehmen konnten. So wurde Jahve zum großen Beschützer der Menschheit vor den Kräften der achten Sphäre, denn er sorgte „schon auf dem physischen Gebiete dafür, daß nicht alles Materielle aufgesogen werden kann von Luzifer und Ahriman [in die achte Sphäre]". So sollte die Verbreitung der falschen Behauptungen Sinnetts, daß der Mond, der die Aufgabe hat, der achten Sphäre Widerstand zu leisten, diese bildet, und die Lehre Blavatskijs mit ihrer Verehrung von Luzifer und ihrer negativen Einstellung gegenüber Jahve und Christus in erheblichem Maße die Entwicklung des „okkulten Materialismus" in der Menschheit fördern. (Siehe Seite 18.) In einem solchen „okkulten Materialismus" geht, nun auf menschlichem Niveau, in der Erkenntnissphäre dasselbe vor sich, was die Widersachermächte gemeinsam substantiell, im realen Sein auf kosmischem Niveau zur Verstärkung der achten Sphäre bewirken: Luzifer bringt alte Mondenimaginationen, und Ahriman durchdringt sie mit Erdenmaterie. Und da diese Mondenimaginationen die Abbilder, wie gezeigt wurde, höherer geistiger Welten in sich enthalten, so scheinen infolge der Tatsache, daß sie mit Erdenmaterie durchdrungen sind, diese höheren Welten selbst dem Menschen, der sie in den Abbildern der achten Sphäre erblickt, allmählich gleichsam mit feinster Materie erfüllt zu sein. Deshalb heißt es auch in „Agni Yoga": „Wir wenden uns an die höchsten Schichten oder gröbsten Formen derselben Materie" oder „außerhalb der Materie reiner Geist – ein Nichts". Solche Äußerungen können wahrhaftig aus Imaginationen der achten Sphäre kommen.

Das alles läßt auch die folgende These des „Agni Yoga" (in „Blätter aus dem großen Garten Morias", Band 2, „Die Erleuchtung") besser verstehen: „Die Astralleiber haben ein Volumen und Gewicht und haben viele Eigenheiten des irdischen Lebens."[76] Hinter diesen Äußerungen steht die folgende Realität: Wenn der Mensch noch im Leben beginnt, sich dem okkulten Materialismus zuzuneigen, so erhält Luzifer nach dem Tod des Menschen die Möglichkeit, einen Teil seines Astralleibes in die achte Sphäre zu tragen, und erhält Ahriman die Möglichkeit, diesen Astralleib mit Erdenmaterie zu imprägnieren, und dann erlangt er tatsächlich in dieser neuen gespensterhaften Existenz einige Attribute der physischen Welt, erhält er gleichsam „Volumen und Gewicht".

So wird auch verständlicher, was die Verbindung von östlicher Esoterik mit westlicher materialistischer Wissenschaft in den Büchern von Sinnett und Blavatskij wirklich bedeutet: In okkultem Sinne ist diese Verbindung nichts anderes als der konkrete Ausdruck des gemeinsamen Wirkens von Luzifer und Ahriman bei dem Prozeß der Schaffung und Verstärkung der achten Sphäre. Diese Richtung wird dann im Agni Yoga fortgesetzt in dem Bemühen, wie seine Begründerin formulierte, „verbindende Zeichen zwischen den uralten Traditionen des Veda und den Formeln Einsteins zu finden"[77]. Zu einem sichtbaren Symbol dieser „verbindenden Zeichen" sollte die Architektur des Roerich-Museums in New York werden. Der Künstler plante es selbst in der Form eines 24-geschossigen Wolkenkratzers, der von einer runden, buddhistischen Stupa gekrönt werden sollte.

6.
Der grundlegende Irrtum des Agni Yoga

Nachdem wir so mit Hilfe der Anthroposophie die okkulten Grundlagen der Ergebenheit der Lehre des Agni Yoga dem Buddhismus und Materialismus gegenüber betrachtet haben, müssen wir uns nunmehr dem zentralen Irrtum dieser Lehre zuwenden, ihrer Unfähigkeit, das Christus-Wesen und seine Bedeutung für die Weltentwicklung zu verstehen. Dieses Unverständnis geht in seinen Quellen unmittelbar auf die H. Roerich inspirierenden östlichen Mahatmas zurück, über deren Einweihung Rudolf Steiner schrieb: „Die östlichen Initiatoren müssen notwendig das *Christus-Prinzip* als zentralen *kosmischen* Faktor der Evolution unberührt lassen.“[78] Vom okkulten Standpunkt hat diese innere Blindheit in bezug auf ein wirkliches Verständnis des Christus-Impulses – außer allem bereits Gesagten – ihre Quellen in der Tatsache, daß sich die geistige Erfahrung der östlichen Eingeweihten nur bis zur Monden- und nicht bis zur Sonnensphäre[79] erstreckt, und deshalb können sie in Wirklichkeit nur Wesen erreichen, welche die Bodhisattva oder Buddhastufe erreicht haben, und keine höheren. Daraus folgt, daß das Geheimnis des

Christus als Sonnenlogos für sie notwendigerweise verschlossen bleiben muß.[80]

Dem vollkommen entgegengesetzt ist das Verhältnis zum Christus-Impuls bei den wahren Rosenkreuzermeistern, welche ihre Erkenntnisse unmittelbar aus der Sonnensphäre schöpften. So sagte Rudolf Steiner: „Zu enthüllen ... die Intentionen des lebendigen Christus... in voller Weisheits-, Schönheits- und Tatform ist aber das tiefste Ziel des Rosenkreuzertums."[81] Und an anderer Stelle sprach er mit folgenden Worten darüber: „Und diejenigen, welche begriffen haben, daß der Fortschritt der Menschheit abhängt von dem Begreifen des großen Ereignisses von Golgatha, das sind die, welche als die Meister der Weisheit und des Zusammenklanges der Empfindungen vereinigt sind in der großen führenden Loge der Menschheit."[82]

Und diese Meister, die die zentrale Bedeutung des Christus-Impulses für die Weltentwicklung im tiefsten Sinne erkannt hatten, waren auch die Inspiratoren der von Rudolf Steiner begründeten modernen Wissenschaft vom Geiste oder Anthroposophie, deren Hauptziel es ist, allen Menschen die neue Christus-Erkenntnis zugänglich zu machen.[83]

Wie weiter oben gezeigt wurde (siehe Seite 20 ff.), so wäre es vergeblich, bei H. P. Blavatskij ein wirkliches Verständnis für das Christentum zu suchen. Rudolf Steiner sagte in diesem Zusammenhang: „Das Mysterium vom Sinai und von Golgatha darf man nicht suchen bei Frau Blavatsky, weil sie diesem Antipathie entgegenbrachte. Daher wurde sie gelenkt nach Mächten hin, die mit großer Gewalt und großer Klarheit geben konnten alles dasjenige, was außerchristlich ist."[84]

Diese Tendenz ist auch bei H. Roerich vorhanden.

Nicht umsonst betont sie in ihren Briefen und Büchern auf die verschiedenste Weise ihre Ergebenheit gegenüber ihrer russischen Vorläuferin: „Ich sage, gerade H. P. Blavatskij war eine feurige Gesandte der Weißen Bruderschaft“, schreibt sie in einem der Briefe, „sie ganz besonders war eine Trägerin des ihr anvertrauten Wissens. Von allen Theosophen hatte nur H. P. Blavatskij das Glück, die Lehre unmittelbar von den Großen Lehrern [den Mahatmas] in einem ihrer Ashrams in Tibet zu empfangen ... Nur durch H. P. Blavatskij konnte man sich der Weißen Bruderschaft nähern, denn sie war ein Glied in der hierarchischen Kette ... Um der Sache willen korrespondierten die Mahatmas mit einigen ihrer Mitarbeiter [so zum Beispiel mit Sinnett], aber nicht einen [außer Blavatskij] ließen sie zur Schülerschaft zu... H. P. Blavatskij war jenes hierarchische Glied, das zu umgehen oder zu mißachten vollen Mißerfolg bedeutet hätte.“[85] Und in einem anderen Brief beschreibt H. Roerich, wie Blavatskij nach ihrem dreijährigen Aufenthalt im Ashram der Mahatmas von ihnen „in die Welt geschickt wurde, ihr das große Werk ‚Die Geheimlehre‘ zu geben, um einen Umschwung im Bewußtsein der Menschheit, die in eine Sackgasse geraten war, herbeizuführen“[86], das heißt der Welt ein Werk zu geben, in dem eine neue, ganz östliche Orientierung der theosophischen Bewegung und das heißt auch ihre antichristliche Ausrichtung, ganz besonders stark hervortritt.

Im Zusammenhang mit Blavatskij erwähnt H. Roerich vor allem auch ihre eigene Verbindung mit einem ihrer Lehrer, dem Mahatma Moria. So schreibt sie in dem Brief vom 23.10.1936: „Ich weiß, daß der Mahatma M[oria] mit den Biographien, die über Bl[avatskij] geschrieben wurden, unzufrieden war.“ Oder sie erinnert im Brief vom 22.6.1936: „Im Jahre [19]25 [das heißt vor der Reise der Roerichs in das bolschewistische Rußland im Auftrag der Mahatmas] erhielt N[ikolaj] K[onstantinowitsch] [Roerich] den Auftrag, das Bild ‚Der Bote‘ zu malen und es zur Gründung des Bl[avatskij] Museums zu stiften. Mit diesem Geschenk und dieser Gründung des Museums wollte der Gr[oße] Lehrer M[oria] den Namen von derjenigen verewigen, deren Andenken einige ihrer Nachfolger erst kürzlich zu unterdrücken suchten.“[87] Dieses Bild wurde höchstwahrscheinlich bereits in Sikkim gemalt, wo sich Roerichs zu jener Zeit aufhielten (vergleiche Seiten 41 und 63).

Wenden wir uns nun wieder der oben gestellten Frage nach der Beziehung der von den östlichen Mahatmas inspirierten Lehre von Agni Yoga zum Christus-Impuls zu. Zitate aus den Evangelien begegnen uns recht häufig in den Büchern und Briefen von H. Roerich, auch wird der Begründer des Christentums oftmals erwähnt. Und diese Tatsache wird mehrfach von ihren Anhängern als ein Zeichen einer positiven Einstellung von Agni Yoga zum Christentum angeführt. Beschäftigt man sich jedoch mit solchen Stellen der Lehre eingehender, so wird bald deutlich, daß der Christus dort nur als einer der zahlreichen Lehrer der Menschheit angesehen wird, etwa von demselben Rang wie der Gautama Buddha. So schreibt H. Roerich zum Beispiel im Brief vom 24.5.1936: „Sie haben recht, daß der Jesus Chr[istus] eine außerordentliche Erscheinung in der Geschichte ist, aber man muß hinzufügen, daß das Erscheinen aller Kumar und Gottmenschen nicht weniger außergewöhnlich ist. Und nur ein dünkelhafter Ungebildeter wird abzuwägen beginnen, wer von diesen erhabenen Geistern höher oder tiefer steht. Es ist uns eine prächtige Formel in der Lehre gegeben:* Wenn man fragt: Wer steht höher, der Christus oder Buddha?, antwortet: Man kann die fernen Welten nicht ausmessen, man kann nur über ihr Leuchten in Entzücken geraten." („Blätter aus dem großen Garten Morias", Band 2, „Die Erleuchtung".)[88]

Diese verschwommene Definition ist jedoch nur für die äußere, exoterische Welt gegeben. Im Briefwechsel mit ihren esoterischen Schülern drückt sich H. Roerich sehr viel deutlicher aus. So erklärt sie im Brief vom 24.9.1935, nachdem sie die oben zitierten Worte aus den „Blättern aus dem großen Garten Morias" angeführt hat, diese folgendermaßen: „Wahrhaftig, der Christus und der Buddha sind so weit entfernte Geistessterne, verglichen mit uns Erdenbewohnern. Wir vergessen nicht, daß sie wie der Herrscher Maitreya beim Morgengrauen der Geburt des physischen Menschen von der Venus** kamen, und so sind sie auch unsere göttlichen Urväter und Erzieher."[90] In diesen Worten kommt die Überzeugung des Agni Yoga zum Ausdruck, daß der Maitreya, der Gautama Buddha und der Christus zu ein und demselben Entwicklungs-

* Unter der „Lehre" sind hier die Bücher des „Agni Yoga" zu verstehen, die H. Roerich schrieb. Und diese Objektivierung soll darauf hinweisen, daß ihr Inhalt nicht von ihr stammt, sondern von den ihr diktierenden Mahatmas.

** Die Venus jedoch stellt sich H. Roerich höchst phantastisch-materialistisch vor als eine Art veredelter Zwilling der Erde. Im Brief vom 13.8.1938 schreibt sie, wobei sie sich entweder auf die Mahatmas oder auf die „Geheimlehre" von Blavatskij stützt: „Man sagt, auf den höheren Planeten gebe es weniger Tiere und sie seien viel vollkommener. So gebe es zum Beispiel auf der Venus keine Insekten oder Raubtiere. Dort sei vielmehr das Reich des Fliegens. Die Menschen fliegen, die Vögel und sogar die Fische. Dabei verstehen die Vögel die menschliche Sprache...." und so fort.[89]

niveau gehören und daß alle drei zur Zeit des alten Lemurien von der Venus auf die Erde kamen. Und in einem weiteren Brief spricht H. Roerich wiederum, während sie die künftige „Maitreya-Epoche" charakterisiert, von der Gleichheit der drei „Lehrer": „Die künftige Epoche wird unter dem Lichtstrahle der drei Herrscher – des Maitreya, des Buddha und des Christus – stehen."[91]

Vom Standpunkt der christlichen Esoterik ist jedoch das einzige, was in den angeführten Worten der Wahrheit entspricht, der Hinweis darauf, daß der Buddha ursprünglich von der Venus kam. Aber auch diese Tatsache hat im Lichte der geisteswissenschaftlichen Forschungen Rudolf Steiners eine ganz andere Bedeutung und andere Ursachen. Denn der Christus als Sonnenlogos und höchster Führer des Sonnenreiches schickte nach der Trennung von Venus und Merkur von der Sonne den künftigen Gautama Buddha als seinen Gesandten zunächst zur Venus und dann zur Erde: „Diese Buddha-Individualität war bereits den Venusmenschen, bevor sie wieder – man nehme dazu die Darstellung in meiner ‚Geheimwissenschaft' * – zurück auf die Erde gekommen sind, von der Sonne heruntergesendet worden aus den Scharen des Christus, so daß die Individualität, die in Buddha steckte, ein Abgesandter des Christus war von der Sonne zur Venus hin. Mit den Venusmenschen kam er auf die Erde und hatte

* Es ist hier die in „Die Geheimwissenschaft im Umriß" (GA 13) beschriebene alte Periode der Erdenentwicklung gemeint, während der es unmöglich war, auf der Erde die passende Leiblichkeit für die Verkörperung zu finden und die menschlichen Seelen genötigt waren, die weiteren Entwicklungsmöglichkeiten auf den anderen Planeten des Sonnensystems (auch auf der Venus) zu suchen. Später, als die Bedingungen auf der Erde günstiger geworden waren, sind sie auf diese zurückgekehrt.

dadurch so viel voraus, daß er sich durch die atlantische Zeit hindurch bis in die nachatlantische Zeit zum Buddha entwickeln konnte, vor dem Erscheinen des Christus. Er war sozusagen Christ vor dem Christus... Nun nehmen Sie dies Resultat [der okkulten Forschung], daß der Buddha, der ein Abgesandter des Christus war, auf der Venus zuerst gelebt hat.[92] In noch höherem Maße ist derjenige Bodhisattva ein Schüler und Anhänger des Christus, der in ferner Zukunft die Buddha-Stufe erreichen und als neuer Maitreya-Buddha „ein Bringer des Guten" sein wird, „der seine Worte des Guten in den Dienst des Christus-Impulses stellen wird".[93]

Dieses zentrale Geheimnis der Beziehung des Christus-Prinzips zum Bodhisattva-(Buddha-)Prinzip stellte Rudolf Steiner in einer ganzen Reihe von Vorträgen in den Jahren 1909–1910 dar, in denen er auf den Kreis der zwölf Bodhisattvas wies, welche in der Buddhi-Sphäre oder der Welt der Vorsehung die höchste Quelle ihrer Inspirationen, ihrer Erkenntnisse, ihres Lebens, den kosmischen Christus, umgeben: „So gehören zu dem Christus zwölf Bodhisattvas, die vorzubereiten und weiter auszubauen haben, was er als den größten Impuls unserer Kulturentwikkelung gebracht hat ... Damit sind wir aufgestiegen in die Sphäre der Bodhisattvas und eingetreten in einen Kreis von zwölf Sternen – und in ihrer Mitte die Sonne, die sie erleuchtet und erwärmt, von der sie jenen Lebensquell haben, den sie dann wieder herunterzutragen haben auf die Erde." So ist in Wirklichkeit die Beziehung der Bodhisattvas zu dem Christus: „Christus in der Mitte der Erdenentwickelung, die Bodhisattvas als seine Vorboten und seine

Nachfolger, die seine Arbeit der Menschheit wiederum nahezubringen haben."[94]

Von diesen Worten ausgehend, können wir den Gautama Buddha als den letzten Vorbereiter der kommenden Verkörperung des Christus auf der Erde bezeichnen, den Maitreya-Bodhisattva als seinen erhabensten irdischen Schüler, als den ersten christlichen Bodhisattva, der schon in unserer Zeit als seine Hauptaufgabe hat, dem Christus zu dienen und „seine Arbeit der Menschheit... nahezubringen". (Genaueres über die gegenwärtige Mission dieses Bodhisattva wird weiter unten ausgeführt werden.) Dafür, daß dieses Geheimnis von der Beziehung des Christus und der Bodhisattvas, des Christus und des Buddha Rudolf Steiner vom Beginn seines Wirkens als Lehrer der christlichen Esoterik an bekannt war, zeugt die Tatsache, daß einer seiner ersten Vortragszyklen, die er noch vor der Zeit hielt, als er die deutsche Sektion der Theosophischen Gesellschaft leitete, den Titel „Von Buddha zu Christus" trug (vierundzwanzig Vorträge, gehalten von Oktober 1901 bis März 1902). Rudolf Steiner schreibt später in seiner Autobiographie „Mein Lebensgang" über diese Vorträge: „Ich habe in diesen Ausführungen zu zeigen versucht, welch einen gewaltigen Fortschritt das Mysterium von Golgatha gegenüber dem Buddha-Ereignis bedeutet und wie die Entwickelung der Menschheit, indem sie dem Christus-Ereignis entgegenstrebt, zu ihrer Kulmination kommt."[95]

Was nun H. Roerich betrifft, so blieb ihr der Zugang zu diesen wahrhaft zentralen Geheimnissen der ganzen Erdenentwicklung verschlossen, ebenso wie ihren östlichen Inspiratoren. In diesem Sinne kann man die

Worte, mit denen Rudolf Steiner das Verhältnis ihrer russischen Vorläuferin zu diesen Geheimnissen charakterisiert, auch auf sie anwenden: „So kam es, daß Frau Blavatsky immer mehr dazu gedrängt wurde, einen Nebel vor sich zu bekommen [was die wahre Erkenntnis des Christus ist], und deutlich nur sehen konnte dasjenige, was durch die sogenannten rein arischen Überlieferungen gegangen ist... was außerchristlich war."[96]

Wir wollen hier ein charakteristisches Beispiel anführen: Im ersten Band von „Agni Yoga" findet sich die folgende Darstellung: „... Der Stern Allagabada wies den Weg, und so besuchten wir Sarnat und Gaja. Überall wurde die Religion beschimpft. Auf dem Rückweg wurde, bei Neumond, ein denkwürdiges Wort des Christus gegeben. Während des Nachtmarsches verlor der Leiter den Weg. Ich fand, nach einiger Suche, den Christus, der auf einem Sandhügel saß und auf den vom Mond überfluteten Sand schaute. Ich sagte: ‚Wir haben den Weg verloren und müssen die Stellung der Gestirne abwarten.' – ‚Rossul Moria, was ist uns der Weg, wenn die ganze Erde auf uns wartet?'..."[97] Und weiter geht das Gespräch zwischen dem Mahatma Moria und Christus voller vieldeutiger Symbolik. Es wird jedoch weder diese Symbolik noch auch die historische Zeit dieser „Begegnung" irgendwo erklärt. Nur eines ist klar: Sarnat und Gaja, das sind heilige Orte der Buddhisten, die in Sikkim liegen, im Nordosten Indiens, wo sich der Buddha nach der Überlieferung Meditationen und geistigen Übungen hingab. Ob sich aber diese Darstellung an die Legende aus Kaschmir anlehnt, nach denen der Christus-Issa nach seiner Flucht aus Palästina in Indien gelebt haben soll, oder, was wahrscheinlicher ist, ob eine Begegnung des Mahatma Moria mit dem wiederverkörperten Begründer des Christentums gemeint ist, der sich irgendwo im Himalaya verbirgt – auf alle diese Fragen erhält der Leser keine klare Antwort. Vielleicht aber stellt ein anderes Zitat aus demselben Buch eine Antwort dar? „Nach Augustin begann die Kirche in die Finsternis des Mittelalters zu versinken, und der Christus war durch eine goldene Schranke von den Menschen getrennt. Um diese zu durchbrechen, kam er auf die Erde herunter ..."[98] Ungeachtet des vollständigen Mißerfolgs bei dem Abenteuer mit Krishnamurti ließ doch die Idee physischer Verkörperungen des Christus sowohl in der Vergangenheit als auch der Zukunft H. Roerich und ihre Inspiratoren weiterhin nicht zur Ruhe kommen. Vom Standpunkt der christlichen Esoterik bedeutet, über beliebige physische Verkörperungen des Christus vor oder nach dem Mysterium von Golgatha zu sprechen, nur völliges Unverständnis des eigentlichen Wesens des Christus-Impulses, von dessen Realisierung die ganze Zukunft der Erde abhängt.

7.
Einige Schlußfolgerungen

Die von uns charakterisierte innere Blindheit von Agni Yoga gegenüber der geistigen Sphäre tritt bei einer seiner zentralen Lehren mit besonderer Deutlichkeit hervor, bei der Lehre von Schamballa. Ihre Grundlagen sind bereits in dem Gespräch N. Roerichs mit dem tibetischen Lama enthalten. Es wurde in dem Artikel „Das leuchtende Schamballa" veröffentlicht und leitet das Buch von Roerich über Schamballa ein, welches 1930 in New York in englischer Sprache herauskam. Roerich unterscheidet in seinem Artikel deutlich zwei Aspekte von Schamballa: den irdischen und den himmlischen. Er sagt, zum Lama gewendet: „Lama, wir erkennen die Erhabenheit von Schamballa. Wir wissen, daß einige hohe Lamas sich nach Schamballa begaben und daß sie auf ihrem Wege gewöhnliche physische Gegenstände sahen. Wir kennen die Erzählung von dem burjätischen Lama, davon, wie er durch einen sehr engen, geheimen Gang geführt wurde. Wir wissen, daß ein anderer, der hinzukam, eine Karawane von Bergbewohnern mit Salz aus den Seen an der Grenze von Schamballa sah. Mehr noch, wir selbst sahen den weißen Grenzpfahl von einer der drei Grenzen Schamballas. Sprich deshalb nicht nur von dem himmlischen Schamballa zu mir, sondern auch von dem irdischen; denn du weißt, genauso wie ich, daß das irdische Schamballa mit dem himmlischen Schamballa verbunden ist. Und durch dieses Glied vereinigen sich beide Welten."[99]

Von diesem irdischen Schamballa, das auch die „Transhimalayanische Festung" oder „die Festung des Lichtes" genannt wird und das sich irgendwo in einem der unzugänglichen Täler der Berge des Himalaya befindet, wird in den Büchern des Agni Yoga und in den Briefen H. Roerichs viel gesprochen. Nach ihren Darstellungen ist das irdische Schamballa, das heute von dem Bodhisattva Maitreya geleitet wird, jene verborgene Wohnstätte im Osten, jene geheime „Gemeinschaft", wo alle Mahatmas in physischen und in „feinen" Leibern wohnen. Vor dort aus besuchten sie mehrmals H. P. Blavatskij, von dort schrieben sie ihr und Sinnett Briefe, welche dann die Grundlage ihrer Bücher bildeten. Über die Wege zu ihnen schrieb H. Roerich im Brief vom 23. 7. 1936: „Viele Werst vor jener Stadt [gemeint ist eine der Städte in Tibet] befindet sich die Festung des Lichts. Die Zugänge zu dieser Festung sind gut bewacht. Verschiedene Wege führen zu ihr, und man muß oftmals Wege unter der Erde und unter den Flüssen gehen, um die verborgenen Höhen zu erreichen. Aber für die Berufenen sind Wegzeichen aufgestellt."[100] Oder in einem anderen Briefe: „Die Mahatmas im Himalaya leben in voller Abgeschiedenheit, und sie lassen einen, höchstens zwei Kandidaten im Jahrhundert in ihre Festung hinein."[101] In diesem Brief werden als Bewohner der Festung die Mahatmas Kut Humi und Moria genannt.

Nach den Worten von H. Roerich waren einst in der „Transhimalayanischen Festung" auch Apollonius von Tyana[102], Paracelsus[103] und der Graf Saint-Germain[104]. Auch wirkte aus dieser „geistigen Zufluchtsstätte im Herzen von Asien" einstmals der geheimnisvolle Presbyter Johannes, der letzte Hüter des Heiligen Gral.[105] In einem von den Ashrams der „Transhimalayanischen Festung" wurde auch H. P. Blavatskij dazu vorbereitet, ihr Buch „Die Geheimlehre" zu verfassen. H. Roerich schreibt über sie: „Mitunter rufen die Mahatmas Mitbrüder für eine bestimmte Zeit in eines ihrer Ashrams und bereiten ihren Organismus für verborgene Wahrnehmungen feiner Energie vor und geben ihnen Instruktionen." So war es auch mit H. P. Blavatskij, welche drei Jahre in ihrem Ashram verbrachte, ehe sie der Welt die „Geheimlehre" brachte und so fort.[106]

Wie fragwürdig diese und ähnliche Mitteilungen H. Roerichs sind, zeigt ihr eigener Hinweis auf das weitere geistige Schicksal Blavatskijs. So schreibt sie als Antwort auf die Vermutung, daß sie selbst eine Wiederverkörperung Blavatskijs sein könne, in einem ihrer Briefe: „Aber ich versichere Ihnen, daß ich *keine* Verkörperung H. P. Bl[avatskijs] bin. Die von ihnen [den Theosophen] erwartete H. P. Blavatskij verkörperte sich vor etwa vierzig Jahren und kam im Jahre 1924 wohlbehalten im physischen Leibe in der Hauptfestung an."[107] In einem anderen Brief erklärte sie zudem, daß Blavatskij sich fast sogleich nach ihrem Tode in Ungarn wiederverkörperte und fast zehn Jahre im physischen Leib in der Hauptfestung weilte, um nun unter dem Namen Bruder X. für die Rettung der Welt zu arbeiten."[108]

So verkörperte sich, nach Ansicht von H. Roerich,

Blavatskij, die 1891 starb, abermals am Ende des 19. Jahrhunderts wieder auf der Erde und befand sich im Jahr 1924 in dem irdischen Schamballa im Himalaya. Diese Behauptung steht jedoch in vollem Widerspruch zu den geistigen Forschungen Rudolf Steiners, nach denen sich die Seele der Begründerin der theosophischen Bewegung noch in den Jahren 1910–1912 im Leben zwischen Tod und neuer Geburt in der geistigen Welt befand. Deshalb wies auch Rudolf Steiner in vielen Vorträgen auf die Bedeutung der Korrektur der von ihr auf der Erde angenommenen Fehler gerade für das nachtodliche Leben Blavatskijs hin, ganz besonders aller Irrtümer, die aus dem Unverständnis und der negativen Einstellung zu dem Christus-Impuls hervorgegangen waren. So sagte Rudolf Steiner in einem Vortrag vom 8. Mai 1910, der dem „Tag des weißen Lotos", das heißt der Feier des Geburtstages von Blavatskij in der Theosophischen Gesellschaft gewidmet war: „So sehen wir gerade in H. P. Blavatsky die Bringerin einer Art von Morgenröte eines neuen Lichtes. Aber was würde dieses Licht nützen, wenn es nicht das Allerwichtigste, was die Menschheit gehabt hat, beleuchten wollte? Eine Theosophie, welche nicht die Mittel hat, das Christentum zu begreifen [und genau so war die Theosophie von Blavatskij], ist für die gegenwärtige Kultur absolut wertlos."[109]

Und weiter weist Rudolf Steiner darauf hin, daß diejenigen unter den Anhängern der Blavatskij, die auch heute eine wahre Erkenntnis des Christentums ablehnen, „die Wirksamkeit des Geistes der Blavatsky in unserer Zeit hemmen! ... Und dieser Geist wirkt heute in der geistigen Welt..."[110] Schließlich fügt Rudolf Steiner im Vortrag vom 27. September 1911, während er den Übergang H. P. Blavatskijs von den Rosenkreuzerinspirationen, die der „Entschleierten Isis" zugrunde liegen, zu der östlichen und vollständig antichristlich orientierten „Geheimlehre" charakterisierte, hinzu: „Daß dieses gesagt wird, ist der jetzt nicht verkörperten H. P. Blavatskij nur erwünscht."[111]

Von H. P. Blavatskij, die sich heute in der geistigen Welt befindet, wird auch in dem Vortrag vom 8. Mai 1912 gesprochen.[112]

Kehren wir jedoch zu der Charakteristik zurück, welche H. Roerich von dem irdischen Schamballa oder der „Transhimalayanischen Festung" gibt. Wie bereits erwähnt, stellt sie sich dieses geheimnisvolle Reich ganz materiell-realistisch vor. So sprechen im zweiten Band von „Agni Yoga" („Blätter aus dem großen Garten Morias", Band 2, „Die Erleuchtung") die Mahatmas von „unseren Laboratorien und Observatorien"[113], von „unseren prismatischen Spiegeln", von „unseren weitblickenden Apparaten"[114]. Und in einem Brief vom 24.6.1935 erwähnt H. Roerich noch „einen Apparat, der psychische Energie sammelt", und „Apparate, die die Spannung des Feuers des Raumes messen"[115], und fügt hinzu: „Alle genannten Apparate funktionieren nicht nur auf dem feinen Plan, sondern auch auf dem physischen in der Festung der Großen Bruderschaft."[116]

In allen diesen und ähnlichen Beschreibungen, die sich immer wieder auf den Seiten von „Agni Yoga" wiederholen, begegnet uns gleichsam ein gewisses Gespenst der achten Sphäre: Alle „Schauungen" H. Roerichs erweisen sich als hoffnungslos mit den Vorstellungen der modernen materialistischen Wissenschaft imprägniert und haben eine äußerst materielle

Form. Möglicherweise hängt das auch noch mit der Tatsache zusammen, daß das Ehepaar Roerich während der großen Himalaya-Reise (1925–1928) immer wieder in den Bergen Erscheinungen begegnete, von denen in jener Zeit wenig bekannt war oder gesprochen wurde, die jedoch gegen das Ende unseres Jahrhunderts plötzlich vielen Hunderten von Menschen auf verschiedenen Kontinenten wahrnehmbar wurden und die „Unbekannte Fliegende Objekte" genannt werden. In seinem Buch über Schamballa erwähnt H. Roerich die „Ungewöhnlichen Hochländer Tibets mit ihren magnetischen Wellen und Lichtwundern ..."[117]. Und in einem anderen Artikel berichtet er selbst einem tibetischen Lama: „Lama, unweit von Ulan Dawana [einem Ort nahe den nördlichen Grenzen Tibets] sahen wir einen riesigen dunklen Geier ... er kreuzte den Weg von irgend etwas Leuchtendem und Herrlichem, das sich über unserem Lager nach Süden bewegte und das in den Strahlen der Sonne glänzte. Die Augen des Lama blitzten auf: ‚Oh, euch behütet Schamballa ... die schützende Kraft von Schamballa begleitet euch in der Gestalt dieser strahlenden Materie ... Habt ihr die Richtung beachtet, in welche diese Kugel sich bewegte?'"[118]

Das, was Roerichs bereits in den zwanziger Jahren mehrfach im Himalaya beobachteten und was sich heute in Form der „fliegenden Untertassen" über die ganze Welt verbreitet hat, das hat wahrhaftig nichts mit dem wahren Schamballa gemein, sondern es hat seine Quellen in der achten Sphäre, die sich gegen das Ende unseres Jahrhunderts so verstärkte und verdichtete, daß ihre Erscheinungen einer immer größer werdenden Zahl von Menschen zugänglich wurden. Imaginationen des alten Mondes, die in ihrer ursprünglichen Form nur durch das imaginative Bewußtsein wahrgenommen werden können und die Luzifer gewaltsam an sich gerissen hat, sind bis zu einem solchen Grad mit Materie imprägniert worden, die aus der Erdenentwicklung herausgerissen wurde und die Ahriman an sich riß, daß sie auch dem äußeren, physischen Blick des Menschen wie Halluzinationen sichtbar werden. Dieses gemeinsame Wirken Ahrimans und Luzifers charakterisiert Rudolf Steiner mit den Worten: „Ahriman mischt sich in die Auffassung der äußerlichen Erscheinungen und lügt einen darüber an. Aber man würde hinter seine Schliche kommen, wenn nicht im eigenen Inneren Luzifer gewisse Sehnsuchten erweckte, gerade solche materialistische Vorstellungen in der Weltanschauung aufzupeitschen."[119] Und weiter weist Rudolf Steiner im Zusammenhang mit diesen Prozessen darauf hin, daß die Hauptquelle der Materie, welche die Widersachermächte ständig an sich zu reißen suchen, um sie in die achte Sphäre zu tragen, der menschliche Kopf ist, das menschliche Gehirn als der vollkommenste und am meisten vergeistigte Teil des physischen Leibes. Wenn deshalb die Menschen nur materialistische Gedanken denken, wie das heute bei dem größten zu der modernen westlichen Zivilisation gehörenden Teil der Menschheit der Fall ist, wächst die Möglichkeit, daß Luzifer und Ahriman die Gehirnmaterie an sich reißen, erheblich. Wenn jedoch der Mensch beginnt, „die geistige Welt in der Form des Materialismus zu suchen [und zu denken]"[120], das heißt, wenn er die materialistischen Vorstellungen unmittelbar in den okkulten Bereich hineinträgt und so zum „okkulten Materialisten" wird, dann schafft er besonders günstige Bedingungen für die Verstärkung der achten Sphäre. So ist das Anwachsen ihrer Kräfte in unserer Zeit, das sich bereits in der Form physisch sichtbarer Erscheinungen zeigt, eine direkte Folge des allgemeinen *materialistischen* Charakters der gegenwärtigen Epoche.

Wenn wir uns wieder dem Thema „Schamballa" im Agni Yoga zuwenden, ist es notwendig, sich eingehender mit dessen Hauptgestalt zu befassen, die, nach H. Roerich, beide Begriffe von Schamballa vereinigt, seinen irdischen und seinen himmlischen Aspekt. Diese Gestalt ist der Bodhisattva Maitreya; nach der unerschütterlichen Überzeugung H. Roerichs geht auf ihn letzten Endes ihre ganze Lehre zurück.

Mehrmals erwähnt sie in ihren Briefen ihre persönliche Begegnung mit ihm und nennt ihn stets den „Gr. L." (den großen Lehrer): „Alle Bücher der Lehre [von Agni Yoga] weisen auf diesen direkten Kontakt hin. Wie könnte auch die Erfahrung von Agni Yoga ohne direkten Kontakt mit dem Gr[oßen] L[ehrer] in der Vergangenheit und in der Gegenwart gemacht worden sein? Alle Bücher wurden ja und werden von dem Gr[oßen] L[ehrer] auf der Grundlage dieser Erfahrung [des Hellhörens] gegeben."[121] Und in einem anderen Brief heißt es noch konkreter: „Ich sah auch den Kristall der Materie Lucida [im Agni Yoga die erste Materie, welche der physisch sichtbaren Welt zugrunde liegt], und all das wurde mir von dem Gr[oßen] L[ehrer] gezeigt. Auch war ich zweimal am Rande des Feuertodes und wurde von den Strahlen des Gr[oßen] L[ehrers] gerettet."[122] Schließlich spricht H. Roerich am Ende des vierten Bandes von „Agni Yoga" auch von ihrer „Einweiweihung", die sie durch den Herrn von Schamballa selbst erfuhr: „Gegeben im Tal des Brahmaputra, der seinen Ausgang aus dem See der Großen Nag nimmt, wo das Vermächtnis des Rig Veda aufbewahrt wird:* Ich legte den Grund für Agni Yoga an vier Enden wie einen Blumentempel. Ich festigte Agni Yoga mit meinen Füßen und empfing den Stein des Feuers in meine Hände. Ich gab den Stein derjenigen, die gemäß Unserem Beschluß *Mutter des Agni* Yoga heißen wird" (von nun an der okkulte Name von H. Roerich).[123]

Infolge dieser Erlebnisse nimmt die Gestalt des Maitreya allmählich im Bewußtsein von H. Roerich wahrhaft kosmisches Ausmaß an. Er erweist sich als der zukünftige Herrscher der Erde, der alle Impulse seiner Vorgänger in sich vereinigt, vor allem des Buddha und des Christus: „Der Große Geist, der an der Spitze des neuen Zyklus steht, wird die ganze Synthese, alle großen Gestalten des vergangenen Zyklus in sich tragen. Deshalb nimmt auch die Synthese des Maitreya alle Strahlen in sich auf."[124] Weiter äußert H. Roerich über den Maitreya selbst: „Seltsam war es, die Worte zu lesen: ‚Wenn der Herr Maitreya Buddha werden muß, dann wird Er wahrscheinlich im physischen Leibe kommen.' Jene Individualität, die nach dem Verständnis des Ostens die Gestalt des Maitreya hat, ist vor langer Zeit ein Buddha geworden, das heißt, hat die erhabene Erleuchtung erlangt und deshalb entfällt der von Ihnen angeführte Grund für eine physische Verkörperung."[125] Und in einem anderen Briefe: „Der ganze Osten glaubt an ein Kommen des H[errn] Maitreya,

---

* Den oberen Brahmaputra besuchten Roerichs im April 1928, am Ende ihrer großen Himalaya-Expedition, auf dem Weg von Tibet nach Sikkim (Indien).

doch den Wissenden ist bekannt, daß der H[err] Maitreya heute die Gestalt des Herr[schers] von Schamballa trägt, und selbstverständlich ist Sein Kommen nicht als ein Erscheinen im Fleische unter irdischen Bedingungen und irdischen Philistern zu verstehen."[126]

Diese Äußerungen widersprechen auf das schärfste nicht nur der klassischen buddhistischen Tradition, sondern auch den modernen geisteswissenschaftlichen Forschungen Rudolf Steiners, nach denen sich der Maitreya Bodhisattva so wie einst sein Vorgänger, der Bodhisattva-Gautama, immer wieder aufs neue bis zu dem Zeitpunkt auf der Erde verkörpern wird, wenn er in 3000 Jahren die Buddhastufe erreichen wird, wo er dann als erster *christlicher Buddha* „alles, alles in den Dienst des Christus-Impulses stellen wird"[127].

Das Wirken dieses neuen Bodhisattva kann man auch im 20. Jahrhundert feststellen. Es ist mit dem zentralen geistigen Ereignis unserer Zeit verbunden, mit der Wiederkunft des Christus im ätherischen Leibe, von dem zu sprechen und das vorzubereiten, nach den Worten Rudolf Steiners, die von ihm begründete moderne Geisteswissenschaft oder Anthroposophie berufen ist: „Ohne Bücher und Dokumente steht dieses große Ereignis, das Wiedererscheinen des Christus, da für die, welche sich würdig darauf vorbereiten. Und es ist die Pflicht der Anthroposophie, dieses zu verkündigen"[128]. Denn: „... dazu ist die geisteswissenschaftliche Bewegung da. Das ist ihre Mission: die Bedingungen zu schaffen, die auf dem physischen Plan das Verständnis für den Christus bewirken, um dann den Christus schauen zu können."[129]

Und wenn einerseits die *ganze* Anthroposophie der Vorbereitung der Menschheit auf dieses allerwichtigste Ereignis dienen soll, so wurde der Anfang seiner Verkündigung, zu der Rudolf Steiner im Jahr 1910 schritt, aus den unmittelbaren Inspirationen heraus gemacht, die er von dem Bodhisattva Maitreya empfing. Davon sprach er selbst im 10. Vortrag des Zyklus, der dem Matthäus-Evangelium gewidmet war: „Und dieser Bodhisattva inspiriert uns so, daß er darauf aufmerksam macht: Die Zeit rückt heran, wo der Christus in neuer Form, in einem *ätherischen* Leibe ... an die Menschen belebend herantreten wird."[130]

Aus derselben Quelle enthüllte Rudolf Steiner auch die wahre Bedeutung der alten östlichen Lehre von dem himmlischen Schamballa. Nach seinen Worten ist das jenes alte geistige Land, das mit Beginn des Kali Yuga und dem Verlöschen des atavistischen Hellsehens für die Erdenmenschen unsichtbar wurde, das aber in noch erhabenerer Größe und Glorie von unserer Zeit an dem geistigen Blick zugänglich werden soll, indem es als die die Erde umgebende Äthersphäre in Erscheinung tritt, in welcher heute der ätherische Christus erlebt werden kann: „Und zu dem ersten, was die Menschen erblicken werden, wenn Schamballa sich wieder zeigen wird, wird der Christus in seiner Äthergestalt gehören. Es gibt keinen anderen Führer für die Menschheit in das von den orientalischen Schriften für verschwunden erklärte Land als den Christus. Der Christus wird die Menschen nach Schamballa führen... es wird ... das neue Bekenntnis zu dem Christus Jesus entstehen durch unser Hineinwachsen in das Gebiet, wo wir ihn zunächst treffen werden: durch das Hineinwachsen in das geheimnisvolle Land Schamballa."[131]

Von dieser zentralen geistigen Realität Schamballas,

von dem lebendigen Christus, der dorthin führt und sich in ihm in seinem Ätherleib der Menschheit offenbart, war den Roerichs nichts bekannt. Ihr „irdisches Schamballa", das sich irgendwo in den unzugänglichen Tälern des Transhimalaya verliert, hat dagegen einen gänzlich materiellen Charakter und wird von den Mahatmas geleitet, für die die Geheimnisse des wahren Christentums auch heute noch unzugänglich sind. Damit wird auch das „himmlische Schamballa" für Roerichs zu einer Wiederholung des alten Schamballa, das einst den Menschenaugen entschwand. Die entscheidende Metamorphose, durch die es infolge des Mysteriums von Golgatha ging, so daß es in unserer Zeit zur geistigen Wirkenssphäre des ätherischen Christus wurde, blieb sowohl Roerichs als auch den sie inspirierenden Mahatmas unzugänglich und unbekannt.

Daraus aber folgt, daß jenes andere, „himmlische Schamballa", nach dem das Ehepaar Roerich strebte, nichts anderes ist als das Reich Luzifers, das den Christus nicht kennt, und seine luziferische „Hierarchie des Lichtes". Denn seit dem Mysterium von Golgatha und seit der Vereinigung des Christus mit der Erde muß notwendigerweise *alles,* was in der Erdenentwicklung keinen Zugang zur Christus-Sphäre erlangt, früher oder später eine Beute Luzifers oder Ahrimans werden. So sind auch die Worte H. Roerichs zu verstehen, daß „es nur eine Hierarchie des Lichtes gibt und diese Hierarchie ist selbstverständlich die transhimalayanische Hierarchie"[132], das heißt die Hierarchie, welche dem Luzifer dient und welche deshalb nichts weiß, weder von der wahren Bedeutung des Mysteriums von Golgatha noch von der Wiederkunft des ätherischen Christus.

Mehr noch: die oben angeführte These von H. Roerich, daß der Herr von Schamballa, der Maitreya, schon die Buddhastufe erreicht habe und sich niemals mehr im physischen Leibe auf der Erde verkörpern, sondern nur in einem Geistleibe wirken werde, ist ein offensichtlicher Versuch, den ätherischen Christus mit jenem luziferischen Wesen zu vertauschen, das sie für den sie und ihre Lehre inspirierenden Maitreya hält.

Weiter oben (auf Seite 21 f.) wurde bereits von dem Bestreben der östlichen Mahatmas gesprochen, den Christus mit Luzifer zu vertauschen. Diese Fälschung rührt von einem bestimmten Umstand her, den Rudolf Steiner eingehend im Vortrag vom 9. Januar 1912 behandelt.[133] Da spricht er davon, daß das eigentliche Ziel und der letzte Sinn der Evolution der heutigen Erde die volle Entwicklung des *vierten* Prinzips des Menschenwesens ist, des Ich-Prinzips. Deshalb brachte der Christus der Menschheit, als er auf die Erde kam, eben dieses zentrale Prinzip, aber in seiner *makrokosmischen* Form, als Welten-Ich, das ein Urbild jedes Menschen-Ich ist und zugleich sein höchstes Ideal. Die luziferischen Geister dagegen werden immer wieder aufs neue den Menschen dazu verführen, seine höheren Prinzipien zu entwickeln: das Geistselbst, den Lebensgeist und sogar den Geistesmenschen, das heißt das fünfte, sechste und siebente Prinzip, aber nur in ihrer *mikrokosmischen* Form. Wenn es den luziferischen Geistern auf diese Weise gelingen sollte, den grundlegenden Unterschied zwischen der makrokosmischen und der mikrokosmischen Entwicklung zu verschleiern, dann können sie den Menschen den Gedanken einflößen, daß das fünfte, sechste, siebente Prinzip „höher" seien als das vierte, und das bedeutet, die von ihnen besessenen falschen Messiasse und Lehrer seien höher als der Christus.

Die hier charakterisierte Beziehung von Agni Yoga zum Reich Luzifers wird durch eine weitere Tatsache erhärtet, aus der ersichtlich ist, daß im Lichte der luziferischen Inspirationen viele Wahrheiten geradezu eine gegenteilige Bedeutung erhalten können. So verlegt H. Roerich den Ort, wo der letzte Hüter des Grals, der geheimnisvolle Presbyter Johannes oder „der Alte von den hohen Bergen" weilte, in das irdische Schamballa, von wo er den verschiedenen irdischen Herrschern Nachrichten und Botschaften sandte, unter ihnen auch dem Eroberer Dschingis-Khan: „So erhielt auch Dschingis-Khan Ratschläge vom Alten von den hohen Bergen", schreibt H. Roerich in einem ihrer Briefe.[134] Dabei störte die Tatsache das Ehepaar Roerich anscheinend wenig, daß Dschingis-Khans Enkel, der Khan Batu, der dessen Impulse weiterführte, in den Jahren 1238–40 fast ganz Rußland zerstörte und niederbrannte und es danach einer 250 Jahre währenden Sklaverei unterwarf. Denn N. Roerich widmete Dschingis-Khan eine ganze Serie seiner Bilder.

Der Grund für eine so ungewöhnliche Sympathie zu diesem, einem der grausamsten Eroberer der ganzen Geschichte der Menschheit, liegt im okkulten Bereich. Es ist deshalb notwendig, sich den Ergebnissen der modernen Geisteswissenschaft zuzuwenden, um ihn zu verstehen.

Im Vortrag vom 17. September 1916[135] wies Rudolf Steiner darauf hin, daß Dschingis-Khan im 12. Jahrhundert durch einen Priester-Gesandten einer geheimen Mysterienstätte im Innern Asiens eine äußerst wirksame *luziferische* Einweihung erhielt und damit verbunden die Aufgabe: „... alles, was aufzubringen war an Mächten in Asien, dazu zu verwenden, um auszubreiten das, was den fünften nachatlantischen Zeitraum zurückführen konnte in eine luziferische Gestaltung." Mit anderen Worten: Dschingis-Khans Aufgabe war es, „... den großen, von Asien ausgegangenen Versuch, die europäische Kultur zu ‚vervisionieren' [das heißt ihr einen visonär-atavistischen Charakter zu geben], um sie abzutrennen von den Bedingungen der fortlaufenden Evolution, um sie gewissermaßen hinwegzuführen von der Erde."[136] Entspricht diese Seite der Mission Dschingis-Khans nicht den Hauptbestrebungen Roerichs im 20. Jahrhundert?

In demselben Geiste spricht auch das Ehepaar Roerich über die Gestalt des Gral, der für sie nur ein von „einem anderen Planeten gekommener Großer Stein ist, dem magische Kräfte innewohnen"[137] oder „eine Schale Amritas"[138], des heiligen Tranks des Ostens, der dem Soma ähnlich ist. „Kam doch auch die Legende von der Gralsschale aus dem Osten und ist eine der zahlreichen Versionen von demselben Schamballa"[139], schreibt H. Roerich in einem Brief, und sie fügt in einem weiteren hinzu: „So wurde sie [die Schale] zu seiner Zeit dem Herrn Buddha gebracht ... Nach dem Tode Buddhas befand sie sich eine Zeitlang im Tempel in Karashar, von woher sie verschwand und seitdem in Schamballa aufbewahrt wird." *[140]

* Einer der heutigen lettischen Schüler von H. Roerich, R. Rudsitis, schrieb in Fortführung ihrer hier angeführten Hinweise eine Arbeit mit dem Titel „Gralsbruderschaft", in welcher er versuchte, an Hand von historischem und literarischem Material die östlich-asiatische (aus dem Himalaya stammende) Herkunft des Legendenzyklus vom Gral und sogar der Ritter des Königs Artus nachzuweisen. Auszüge aus dieser Arbeit wurden in der lettischen Zeitschrift der Roerich-Gesellschaft „Uguns" abgedruckt.

Über den Zusammenhang dieser Schale mit dem Christus wird hier überhaupt nicht gesprochen. Aus dem heiligen Stein, dem „Lapis Exillis" gehauen, bleibt die Abendmahlsschale für das Ehepaar Roerich doch leer, ohne das Blut Christi, ihren wahren Inhalt. Und das bedeutet, daß auch auf dem „Gral" der Roerichs der Stempel Luzifers liegt; es ist das eine alte Schale, die nicht zum Gral wurde.

Außer der Lehre von der Ewigkeit der Materie und der Lehre von Schamballa ist eine weitere zentrale Lehre des Agni Yoga die Lehre vom Feuer. Daher auch der Name „Agni Yoga", „Yoga des Feuers". Diesen Titel trägt der vierte Band der Lehre, und der achte, neunte und zehnte Band tragen den Sammelnamen „Feurige Welt". In einem kurzen Wörterverzeichnis der Hauptbegriffe des Agni Yoga, der einer modernen zweibändigen Ausgabe von Auszügen aus den vierzehn Bänden beigefügt ist, heißt es: „Agni Yoga, das ist ein Yoga des Feuers. Das Feuer aber ist psychische Energie." „Die feurige Welt, das ist die höhere Welt des verdichteten Lichtes, die Wohnstätte der höheren Seelen."[141] So schreibt auch H. Roerich im achten Band: „Der Begriff von Schamballa ist unlösbar mit feurigen Erscheinungen verknüpft."[142]

In drei Ebenen gliedert sich im Agni Yoga das All: in die „dichte Welt", das entspricht dem physischen Plan, „die feine Welt", sie entspricht dem ätherischen und manchmal dem astralischen Plan, und die „feurige Welt", sie entspricht dem mentalen oder geistigen Plan (in der Theosophie dem Devachan). Das Anzünden des Feuers im Innern des Herzens führt das Agni Yoga zum Eintritt in die Sphäre des kosmischen Feuers, in die feurige Welt. Aber auch hier tritt der eigentliche Mangel von Agni Yoga in Erscheinung: seine völlige Blindheit gegenüber der Christus-Sphäre. Denn seit dem Mysterium von Golgatha ist das zweifache Mysterium des Feuers im Kosmos und im Menschen unlösbar mit dem Geheimnis des lebendigen Christus verbunden. Denn das wahre „himmlische Feuer" brachte der Christus auf die Erde, und er zeigte sich, nachdem er durch Tod und Auferstehung gegangen war, in dessen Umhüllung dem Apostel Paulus auf dem Weg nach Damaskus: „Dem erleuchteten Auge des Paulus aber zeigt sich der Christus aus dem spirituellen, dem vergeistigten Feuer."[143] Von nun an „wußte Paulus, daß der Christus lebt, als er in dem spiritualisierten, lodernden Feuer die Christus-Erscheinung sah"[144].

Dieses zentrale Erleben des Paulus bekommt gerade in unserer Zeit der ätherischen Offenbarung des Christus, die im 20. Jahrhundert beginnt und die sich in den nächsten 2500–3000 Jahren mehr und mehr unter den Menschen verbreiten wird, eine besondere Bedeutung. Deshalb sagte Rudolf Steiner auch über die „Christen der Zukunft": „Nicht bloß den Christus werden sie verstehen, der durch den Tod gegangen ist, sondern sie werden verstehen den triumphierenden, in das spirituelle Feuer auferstehenden Christus der Apokalypse, der vorherverkündet worden ist ... so wird der Christus ... erscheinen in einem vergeistigten Feuer der Zukunft. ‚Er ist bei uns alle Tage bis an der Welt Ende', und er wird erscheinen im spirituellen Feuer denen, die den Blick sich haben erleuchten lassen durch das Ereignis von Golgatha. Die Menschen werden ihn schauen in dem geistigen Feuer. Erst haben sie ihn in anderer

Gestalt geschaut; dann erst werden sie schauen die wahre Gestalt des Christus in einem spirituellen Feuer."[145]

Der in diesen Worten enthaltene Hinweis auf eine allgemeine Vergeistigung, auf die Spiritualisierung der ganzen Erde, welche dank dem Mysterium von Golgatha mit der Spiritualisierung der Substanz des Feuers begann, all das ist unmittelbar mit der Tatsache verbunden, daß unsere Erde allmählich zu einer neuen Sonne werden soll, dem leuchtenden, feurigen Mittelpunkt des zukünftigen Kosmos. Denn nachdem er infolge des Mysteriums von Golgatha zum Geist der Erde wurde, entzündete der Christus in ihrem Zentrum eine neue Quelle eines geistigen Feuers und geistigen Lichtes.[146]

Aber nicht nur das makrokosmische Mysterium des „himmlischen Feuers" ist mit dem Geschehen auf Golgatha und der Wiederkunft des Christus im Ätherischen verbunden. Mit ihnen hängt auch ihr mikrokosmisches Abbild im menschlichen Herzen zusammen. Denn letzteres ist nicht nur das, wofür es die moderne Wissenschaft hält. Seit Urzeiten vollzieht sich im menschlichen Herzen ein geheimnisvoller Prozeß der Ätherisation des irdischen Blutes, der im Okkultismus auch Feuerprozeß genannt wird. Der Strom dieses ätherisierten Blutes strömt dann vom Herzen zum Kopf und von dort weiter nach außen in die den Menschen umgebende geistige Welt. So kann man sagen: das Feuermysterium, das sich unaufhörlich im menschlichen Herzen vollzieht, verbindet den Menschen mit der höheren übersinnlichen Welt. Damit ist jedoch das Feuermysterium des Herzens noch nicht erschöpft. Denn nach dem Zeugnis der modernen Geistesforschung fließt seit der Zeit des Mysteriums von Golgatha in jedem Menschen zusammen mit seinem eigenen ätherisierten Blut vom Herzen zum Kopf und weiter in den Kosmos noch ein Strom, der Strom des ätherisierten Blutes des Christus.[147] Im allgemeinen sind diese zwei Ätherströme im Menschen nicht vereinigt, da ihre Vereinigung in unserer Zeit unlösbar mit der Aneignung einer wahren Christus-*Erkenntnis* verbunden ist, wie sie in der Anthroposophie für den modernen Menschen möglich ist. Wenn jedoch eine solche Vereinigung erreicht wird, dann führt das zu einem Schauen des ätherischen Christus in der der Erde benachbarten geistigen Welt.[148] So geleitet das recht verstandene und erlebte mikrokosmische Feuermysterium, das Mysterium des Herzens, den Menschen zur Einweihung in das makrokosmische Feuermysterium: zum Schauen des Christus im Makrokosmos in der Umhüllung mit dem „spiritualisierten Himmelsfeuer" als der Quelle dafür, daß die Erde in der Zukunft eine neue Sonne werde.

Von dem Feuermysterium des Herzens in seiner alten, vorchristlichen Form wird auch in „Agni Yoga" gesprochen, wenn auch auf recht ungenaue und verworrene Weise, ganz besonders im siebenten Band, der „Das Herz" als Titel trägt. Von dem Mysterium der Gegenwart und dem Wirken des ätherischen Christus-Blutes im menschlichen Herzen weiß H. Roerich jedoch nichts, ebensowenig von der Veränderung der Beziehung der Erde und der Menschheit zu dem kosmischen oder himmlischen Feuer infolge des Mysteriums von Golgatha. So ist das Feuer, von dem H. Roerich in ihren Büchern spricht, nur jenes ursprüngliche, von der umwandelnden Kraft des Christus-Impulses noch nicht berührte Feuer, das in unserer Zeit den es erlebenden Menschen nur in die kosmische Sphäre Luzifers zu führen vermag, so wie das in dem Zentralmotiv des südlichen grünen Fensters des ersten Goetheanums dargestellt ist.

Zudem kann man sowohl in den Büchern wie auch den Briefen von H. Roerich viele weitere Beispiele dafür finden, daß diese okkulte Richtung kein auch nur entferntes Verständnis für die Wahrheiten des esoterischen Christentums gewinnen konnte. So wird beispielsweise über den gegenwärtigen Aufenthaltsort des Gautama-Buddha mitgeteilt, daß „die Große Individualität Buddhas, Sein Feuriges Ego, von der Lucida-Materie [der ersten Materie] umhüllt, heute in den Sphären weilt, die unseren Planeten umgeben."[149] Davon, daß der Buddha, der schon lange „der intimste Schüler und Freund von Christian Rosenkreutz war"[150] von ihm zu Beginn des 17. Jahrhunderts auf den Mars gesandt wurde, wo er noch heute weilt, um eine besonders wichtige geistige Aufgabe zu erfüllen, davon weiß H. Roerich aus verständlichen Gründen nichts. Ebenso sieht sie in Christian Rosenkreutz selbst, diesem hohen Eingeweihten und führenden Leiter der Strömung der christlichen Esoterik, nur einen von vielen Lehrern, die versuchen, eben jene alte östliche Lehre nach Europa zu bringen, und der ihr nur äußerlich ein „halbchristliches Aussehen" gab. „So mußte Christian Rosenkreutz, der Begründer des Rosenkreuzerordens, nachdem er aus Asien zurückgekehrt war, die Lehre des Ostens in halbchristlicher Form lehren, um seine Schüler vor der Verfolgung und Rache von Fanatikern und Heuchlern zu schützen."[151] Die christliche Esoterik wird hier nur als eine äußere Schutzhülle angesehen, die über den Schatz des östlichen Wissens gelegt wurde und die nur zur Ablenkung des Blicks von „Fanatikern und Heuchlern“ dienen sollte.

Noch zwei weitere Beispiele seien angeführt, die diesmal zeitliche Fälschungen im Agni Yoga betreffen. So verlegt H. Roerich das Ende der Epoche des Kali Yuga, das mit dem Jahr 3101 vor Christi Geburt begonnen hatte und das nach den geisteswissenschaftlichen Forschungen Rudolf Steiners im Jahr 1899 zu Ende ging[152], in das Jahr 1942: „[Tausend neunhundertund] zweiundvierzig wird nach allen alten Schriften als das Ende des Kali Yuga und der Beginn des neuen, herrlichen Zyklus angesehen.“[153] Und in einem anderen Brief schreibt sie: „Das Jahr [19]36 wird in allen Vorhersagen als das Jahr benannt, in dem der persönliche Kampf des Erz[engels] Michael mit dem Drachen begann.“[154] Dagegen folgt aus den geisteswissenschaftlichen Forschungen Rudolf Steiners, daß dieser Kampf im Jahre 1841 begann und 1879 mit dem Sieg Michaels und dem Beginn der *gegenwärtigen Epoche* seiner Herrschaft in der Menschheit endete.[155]

Zum Schluß sind noch einige Worte über den Stil zu sagen, in dem die vierzehn Bände von „Agni Yoga“ gehalten sind. Da fällt vor allem sein poetisch-mantrischer Charakter auf, mit zahlreichen Wiederholungen und Variationen einer zum größten Teil recht einfachen Auswahl ein und derselben Bilder und Gedanken, so daß bei längerem und wiederholtem Lesen, so wie es angeraten wird, notwendigerweise allmählich das wache, denkende Bewußtsein eingeschläfert wird. Diese Wirkung wird noch dadurch verstärkt, daß es in dem Text kaum konkrete, erkenntnismäßige Elemente gibt und nur ein sehr geringes Bemühen um folgerichtige, logisch gesetzmäßige Darstellung, die der Leser mit seiner eigenen, individuellen Erkenntnisfähigkeit erfassen könnte. Ein unendliches Kaleidoskop einzelner Gedanken, unvollkommener Bilder, häufig abgerissener Sätze, dauernder Wiederholungen, auf die sich ein und dieselbe Metapher auftürmt und so weiter, müssen mit der Zeit im Leser das Gefühl hervorrufen, in einem wogenden und sich dauernd verändernden Meer von Bildern und Rhythmen zu weilen, in dem eine bewußte Kontrolle über sie von Seiten des individuellen Ich fast vollständig verlorengeht. Und dann kann der Inhalt ungehindert auf die Seele wirken, am Bewußtsein vorbei, ähnlich einem Traum unter Hypnose.

Man kann dabei tatsächlich eine innere Welt, eine seelische Befriedigung, sogar Seligkeit erleben, aber gleichzeitig gerät man, ohne es zu bemerken, immer mehr in die Gefahr, in den unkontrollierten Einfluß von seiten jener Mächte und Wesenheiten zu geraten, über deren Natur man sich aus dem Agni Yoga selbst nicht die geringste Vorstellung machen kann. Deshalb muß gesagt werden: Das individuelle Bewußtsein ausschaltend, sucht der Inhalt von Agni Yoga unter Umgehung des Bewußtseins unmittelbar auf die tieferen, unterbewußten Bereiche der menschlichen Seele zu wirken, wobei es den Menschen auf diesem Wege völlig abhängig macht von der Lehre und den sich hinter ihr verbergenden geheimnisvollen Mahatmas. In diesem Sinne ist ihre Wirkung dem eines feinen, seelisch-narkotischen Mittels vergleichbar. Und die von ihr präparierten Seelen können dann auf die beste Weise als unbewußte Werkzeuge zum Erreichen jener Ziele dienen, welche die östlichen Mahatmas vor allem in bezug auf die slawischen Völker und besonders das russische Volk zu erreichen suchen.

Diese Ziele werden, wie aus der vorangehenden Darstellung folgt, ohne Zweifel mit dem Bestreben des asiatischen Ostens zusammenhängen, um jeden Preis das wahre Christentum zu besiegen und an seine Stelle eine uralte, tibetisch-indische Weisheit zu setzen, um auf diese Weise das Entstehen der sechsten nachatlantischen Epoche allgemein menschlicher, christlicher Kultur zu verhindern, die ganz und gar auf einem neuen, kosmischen Verständnis des Christus-Impulses gegründet sein wird und deren Grundlagen das russische Volk zu legen berufen sein wird. Wie schon zu Beginn dieser Arbeit bei der Betrachtung des ersten Bandes von „Agni Yoga" (siehe Seite 30 ff.) bemerkt wurde, ist seine Lehre auf die absolute Autorität des Lehrers gegründet. H. Roerich betont das auch in ihren Briefen immer wieder: „Ja, die Lehre der ‚Lebendigen Ethik' ist auf die Verehrung der Hierarchie des Lichtes begründet, auf die Anerkennung der hohen Autorität der Lehrer."[156] Praktisch führt das aber den Menschen der Gegenwart dazu, daß er die wertvollste Gabe der ganzen Erdenentwicklung, seinen freien Willen, mehr und mehr verliert, der dann von den Widersachermächten ergriffen und in die achte Sphäre entführt werden kann: „Luzifer und Ahriman haben aber das Bestreben, gerade des Menschen freien Willen hereinzuzerren in ihre achte Sphäre ... Das heißt, der Mensch ist fortwährend der Gefahr ausgesetzt, daß ihm sein freier Wille entrissen und hineingezerrt werde in die achte Sphäre."[157]

Deshalb sollte jeder Mensch, der sich heute mit Agni Yoga beschäftigt, wissen, daß dieses zwar ursprünglich aus luziferischem Quell kommt, aber nichtsdestoweniger infolge der in ihm praktizierten Bereitschaft, der Autorität der Lehrer und der unter ihrem Einfluß entwickelten starken Neigung zum okkulten Materialismus blind zu folgen, es trotzdem nicht nur den Zielen Luzifers, sondern auch Ahrimans dient, und daß es damit auch eine der konkreten Erscheinungen von deren gemeinsamem Wirken im 20. Jahrhundert ist. Ihrem vereinigten Wirken kann man aber nur die wahre Erkenntnis der Mysterien des lebendigen Christus entgegenstellen, welche in unserer Zeit durch die Anthroposophie enthüllt wurden und welche allein in der Lage sind, die Menschheit in eine von den Kräften sowohl Luzifers als auch Ahrimans freie Zukunft zu führen.

Nachwort

Bereits nach dem Abschluß dieser Betrachtungen der geistigen Grundlagen der okkulten Strömungen, die von Helene und Nikolaj Roerich begründet wurden, fielen dem Verfasser Materialien in die Hände, die ohne eine Erklärung nicht in dieses Buch aufgenommen werden können.

Es handelt sich um das Verhältnis von H. Roerich zur Anthroposophie und zu ihrem Begründer, Rudolf Steiner. Außer einem flüchtigen Hinweis auf die „Steinerianer" in einem ihrer Briefe (HR II, 7.2.1936) – und noch dazu in einem Zitat – konnte der Verfasser während der Arbeit an diesem Buch in dem ihm zugänglichen Material zu H. und N. Roerich keine direkte Erwähnung der Anthroposophie finden. Freilich geht aufgrund der in dieser Arbeit angeführten Fakten ein deutlicher Gegensatz zwischen der Anthroposophie als einer Repräsentantin des zeitgenössischen esoterischen Christentums und den Lehren von Agni Yoga, dessen Quelle ein indisch-tibetischer Okkultismus ist, klar hervor.

Dieser allgemeinen Gegenüberstellung fehlte jedoch noch die Konkretisierung, sozusagen die letzte Anschaulichkeit. Diese Lücke kann nun dank des dreibändigen Werkes von A. Kalisowskij „Grundlagen des Weltverständnisses der neuen Epoche" ausgefüllt werden, das 1991 in Riga wieder aufgelegt wurde und das eine umfassende Darlegung der Lehre des Agni Yoga darstellt (fast 1000 Seiten) und das zu mehr als der Hälfte aus Zitaten seiner Begründerin besteht. Kalisowskij selbst, ein persönlicher Schüler von H. Roerich und ein Vorstandsmitglied der lettischen Roerich-Gesellschaft in den dreißiger Jahren, veröffentlichte seine Arbeit 1934 in Riga, wobei er sie seiner Lehrerin zueignete. Damit kamen alle drei Bände noch zu Lebzeiten H. Roerichs (gestorben 1951) heraus.

Die letzten sechs Seiten des ersten Bandes widmete Kalisowskij einer Besprechung der Anthroposophie und besonders der Persönlichkeit Rudolf Steiners vom Standpunkt des Agni Yoga. Auch ist die Ansicht H. Roerichs über das Buch Kalisowskijs darin enthalten. Bevor wir jedoch die nicht nur positiven, sondern direkt begeisterten Äußerungen der Begründerin von Agni Yoga über dieses Buch zitieren, wollen wir hier wenigstens ein paar der wichtigsten Aussagen seines Verfassers anführen. Auch ist noch vorauszuschicken, daß die unten folgenden Zitate aus „Agni Yoga" sich vollständig mit H. P. Blavatskijs Theosophie der zweiten Epoche decken, denn H. Roerich betrachtete ihre Lehre als eine Fortsetzung der Mission Blavatskijs im 20. Jahrhundert.

Den der Anthroposophie gewidmeten Abschnitt beginnt Kalisowskij mit den Worten: „Neben den erklärten und offenkundigen Feinden hat die Theosophie noch geheime und folglich gefährlichere. Zu diesen Feinden gehört die Anthroposophie wie auch ihre Anhänger." Der Grund dieser Tatsache ist darin zu sehen, daß „schon lange Zeit vor Mrs. Besants Tod es den dunklen Mächten gelang, ein Mitglied der Theosophischen Gesellschaft als Mitarbeiter anzuwerben". Das geschah nach Ansicht Kalisowskijs auf die folgende Weise: Rudolf Steiner rechnete angeblich damit, „nach Blavatskijs Tod als Vorsitzender der Theosophischen Gesellschaft gewählt zu werden", die Mahatmas der Weißen Bruderschaft wählten jedoch nicht ihn, sondern Annie Besant. „Infolge ... dieser Kränkung seiner Eigenliebe ...verließ er die Theosophie und begründete die Anthroposophie"*, was der „erste Sieg der dunklen Mächte über Rudolf Steiner" war. Denn „nachdem sich die dunklen Mächte eines so arbeitsfähigen Mitarbeiters wie Rudolf Steiner bemächtigt hatten, gaben sie, Steiner als ihr Werkzeug benutzend, der Welt seine Lehre", das heißt die Anthroposophie.

Dann wird der Versuch einer gänzlich inkompetenten Kritik einiger Aspekte der anthroposophischen Kosmologie unternommen, einer Kritik, bei der Kalisowskij nicht von den Werken Rudolf Steiners ausgeht, sehr wahrscheinlich hat er sie selbst nie gelesen, sondern, nach seinen eigenen Worten, „von einer völlig objektiven Beurteilung", die er dem Buch von W. Goldenberg „Die anthroposophische Bewegung und ihr Prophet" entnahm, das gegen die Anthroposophie geschrieben wurde.

Das ist jedoch nur das Präludium zu dem vom

---

* Die hier von Kalisowskij angeführte „Erklärung" der Gründe, warum Rudolf Steiner die „Theosophie" verließ, gesellt sich in Wirklichkeit zu den zahlreichen Lügen, die schon zu Beginn des ersten Jahrzehnts dieses Jahrhunderts durch Annie Besant gegen Rudolf Steiner verbreitet wurden. Im Vortrag vom 18. Mai 1916 (GA 174a) nannte Rudolf Steiner das, was sie sich so ausgedacht hatte, „bewußte Lüge", da er bereits 1909 persönlich unter Zeugen „... ihr ausdrücklich gesagt habe, daß ... [er] innerhalb der Theosophischen Gesellschaft niemals etwas anderes sein wolle als höchstens der Generalsekretär der deutschen Sektion oder etwas, was diese umfaßt".

Standpunkt des Agni Yoga wichtigsten „Irrtum" der Anthroposophie und ihres Begründers. „Die westliche Welt", so schreibt Kalisowskij weiter, „glaubt daran, daß der Christus der einige Sohn des einigen Vaters sei. *Steiner besteht mit aller Kraft auch auf diesem Irrtum...*" (kursiv durch S. P.). Und er fährt fort: „Man könnte erwidern: Wie ist es möglich, die Anthroposophie für eine dunkle Lehre zu halten, wo sie den Christus so hoch achtet und die Anthroposophen alle eifrige Christen sind und sich so kräftig bemühen, das Christentum mit der Anthroposophie zu verschmelzen? Aber die Anerkennung des Christus durch die dunklen Mächte ist allgemein bekannt, denn wie sollten sie ihn nicht anerkennen! Sie erkannten ihn post factum an, und zwar so, daß die Möglichkeit der Anerkennung des nächstfolgenden Lehrers ausgeschlossen wurde, denn die Formel ‚Ein solcher wie der Christus war noch nie zuvor und wird nicht wieder sein' verschließt dem Menschen eine weitere Vorwärtsbewegung, und das allein brauchen die dunklen Mächte, und deshalb anerkennen sie ihn auch an."

Aus den angeführten Worten geht hervor, daß das wichtigste Ergebnis der geisteswissenschaftlichen Forschung Rudolf Steiners, die von der zentralen Bedeutung der Christus-Wesenheit als Sonnenlogos für unseren Kosmos und des Mysteriums von Golgatha für die Erdenentwicklung zeugt, der hauptsächliche Stein des Anstoßes für die Anhänger des Agni Yoga in der Anthroposophie ist. Für sie ist der Christus nur einer unter den vielen gleichermaßen von ihnen verehrten Lehrern der Menschheit, nur der Vorläufer „des folgenden Lehrers" in der endlosen Kette, welche H. Roerich die „Hierarchie des Lichtes" nennt. Unter dieser stellt sie sich jedoch letzten Endes allein die „transhimalayanische“ vor, das heißt die Hierarchie der tibetisch-indischen Mahatmas. Dazu schreibt sie in einem ihrer Briefe: „... es gibt nur eine Hierarchie des Lichtes, und das ist, selbstverständlich, die Transhimalayanische Hierarchie“ (HR II, 30.8.1935).

Von dieser „Hierarchie“ fiel, nach der Ansicht von Kalisowskij, Rudolf Steiner ab: „Nennt man die Anthroposophie eine Lehre der dunklen Mächte, muß der Beiname der dunklen Mächte auch dem Begründer dieser Lehre gegeben werden. Daß das weder Lüge noch Insinuation ist, geht daraus hervor, daß Steiner sich von der die Welt regierenden himmlischen Hierarchie abwandte und das ganz bewußt tat, denn er mußte als ehemaliger Theosoph die Existenz derselben kennen und wissen, daß sie die Welt regiert. Indem er die Hierarchie des Lichtes verleugnete, anerkannte er die Hierarchie der Finsternis.“

Indem Rudolf Steiner die nur gruppenhafte und egoistisch-nationale Interessen verfolgenden indisch-tibetischen Mahatmas abwies, anerkannte er tatsächlich von allem Anfang an die wahre, dem kosmischen Christus dienende himmlische Hierarchie, von welcher bereits Dionysius Areopagita aus den Quellen des esoterischen Christentums schrieb. Mit dieser wahren himmlischen Hierarchie waren stets alle führenden Lehrer des esoterischen Christentums verbunden, indem sie danach strebten, ihre Impulse unter den Menschen zu verwirklichen, und wußten, daß „der Christus der Führer aller Wesenheiten der höheren Hierarchien ist“ (GA 129, 21.8.1911).

Wie bereits gesagt, war die Begründerin von Agni Yoga der Ansicht, daß die Christus-Wesenheit gemeinsam mit dem Gautama Buddha und dem Bodhisattva Maitreya (von dem sie annahm, daß er schon lange die Buddhastufe erreicht habe – siehe Seite 92f.) von dem Planeten Venus herabgekommen sei (siehe Seite 78), das heißt, sie sah in ihm ein Wesen, das seiner geistigen Bedeutung nach nicht den Rang eines Buddha übersteigt. Ihr Schüler Kalisowskij fügt zu dieser Reihe von Lehrern noch „Mohammed, Konfuzius" und, in einem Zuge, auch noch „alle ehemaligen und zukünftigen Menschheitslehrer" hinzu. Mit anderen Worten: In der Darstellung von Agni Yoga erweist sich der Christus nicht als eine *kosmische Wesenheit, die nur ein einziges Mal auf der Erde lebte,* sondern als einer von vielen menschlichen Eingeweihten, der, so wie jene, vor und nach seinem Leben in Palästina zu Beginn der christlichen Zeitrechnung viele Erdenverkörperungen durchgemacht hat und durchmachen wird.

Hat man sich einmal mit dieser Beziehung von Agni Yoga zu dem Begründer des Christentums bekannt gemacht, ist es nicht schwer, die wahren Quellen von solcher Art Ideen zu erkennen. Rudolf Steiner sprach, wenn er in seinen Vorträgen darstellte, wie die luziferischen und die ahrimanischen Mächte gegen den Christus-Impuls kämpfen – und das heißt auch gegen die wahre Menschheitsentwicklung –, oftmals davon, daß Luzifer dabei das Erdenleben des Christus in Palästina als eine Illusion oder eine schöne Legende hinzustellen sucht, und daß Ahriman, im Gegenteil, den Christus nur als einen unter vielen irdischen Eingeweihten darstellt, als ein Wesen, das zwar seiner Entwicklung nach höher steht als „Sokrates oder Plato", das jedoch trotz alledem zum menschlichen Geschlecht gehört.

Aber dieser Begriff von dem Christus, bei dem sein

hohes kosmisch-göttliches Wesen gänzlich verschwindet und allein sein menschlich-irdisches verbleibt, stellt nicht nur eine besondere Erscheinungsform des modernen Materialismus dar (siehe Seite 59), sondern, wie Rudolf Steiner bezeugt, eines der wirkungsvollsten Mittel, mit dessen Hilfe Ahriman seine künftige Inkarnation heute vorbereitet, um den Versuch zu unternehmen, während er als neuer, höherer Lehrer auf der Erde erscheint, die Erdenentwicklung in die von ihm gewünschte Richtung zu lenken.*

Aus diesem offenkundig ahrimanischen Einfluß leitet sich auch letzten Endes die Kritik der Anthroposophie durch Kalisowskij her, daher auch ihre entschiedene Grobheit. Er nennt, ohne sich Zwang in bezug auf die Wortwahl anzutun, auf knapp sechs Seiten die Anthroposophie etwas „von Menschen Ausgedachtes", eine „Fälschung", eine „Täuschung", „Lüge", „grobe Imitation", „Mystifikation", den „Wahn kranker Phantasie", „ein klug ausgedachtes Netz, um Menschen zu fangen", „einen großen Betrug", „Unkraut, das der Feind der Menschheit unter den Weizen säte" und so fort.

Und schließlich behauptet Kalisowskij, sich auf „Aussagen von Quellen höchster Autorität" stützend, daß sich angeblich das Wirken der „dunklen Mächte" in den letzten sechs Jahren von Rudolf Steiners Leben ganz besonders deutlich zeigte.

Im Kontext von Kalisowskijs Darstellung kann diese „Quelle höchster Autorität" nur H. Roerich, die Be-

---

* Über die im dritten Jahrtausend bevorstehende Erdeninkarnation Ahrimans und über die Vorbereitung dieser Inkarnation in unserer Zeit sprach Rudolf Steiner in den Vorträgen, die in GA 191 und 193 veröffentlicht wurden.

gründerin von Agni Yoga, sein, zusammen mit N. Roerich, oder die hinter ihnen stehenden Mahatmas vom Himalaya, vielleicht aber auch die einen oder die anderen gemeinsam. Was aber die letzten sechs Jahre von Rudolf Steiners Leben betrifft, so war das die Zeit, als er begann, die Michael-Mysterien unseres Kosmos in ihrer ganzen Tiefe zu enthüllen. Gerade von dieser Zeit an (1919–1925)* nahm seine Verbindung mit der hohen Sphäre des Zeitgeistes Michael einen solch konkreten und intensiven Charakter an, daß man in voller Übereinstimmung mit der okkulten Wirklichkeit sagen kann: von nun an wirkte Michael als kosmisches „Antlitz Christi" selbst in immer stärkerem Maße durch Rudolf Steiner, den modernen christlichen Eingeweihten, und begründete durch seinen großen Schüler die neuen christlichen Mysterien, die berufen sind, der wahren himmlischen Hierarchie, die in der geistigen Welt von dem Christus selbst geführt wird, zu dienen.**

Da aber vom Standpunkt Ahrimans alles, was in der Michael-Sphäre vor sich geht, finster erscheint, da er geistig blind ist gegenüber ihrer Wirkung, so ist es sehr verständlich, daß dieses Wirken Michaels durch Rudolf Steiner von Ahriman als „Finsternis" oder „dunkle Macht" wahrgenommen werden mußte.

Das wirft aber auch ein Licht auf den wahren Inspirator der „Quellen von höchster Autorität", aus denen Kalisowskij und sein Guru, H. Roerich, in ihrer geisti-

---

* Diese Epoche beginnt mit dem Vortragszyklus „Die Sendung Michaels. Die Offenbarung der eigentlichen Geheimnisse des Menschenwesens" (GA 194, November 1919) und schließt mit den Aufsätzen über „Das Michael-Mysterium" ab (GA 26, August 1924–März 1925).

** Genaueres über Rudolf Steiners letzte Lebensjahre und seine Beziehung zur Michael-Sphäre in dieser Zeit siehe: Sergej O. Prokofieff, „Rudolf Steiner und die Grundlegung der neuen Mysterien", 2. Aufl. Stuttgart 1986.

gen Blindheit schöpften. So schreibt letztere diesem in einem Brief aus Indien, nachdem sie sich mit seiner Arbeit bekannt gemacht hatte, der alle oben angeführten Zitate über die Anthroposophie und ihren Begründer entnommen wurden: „Ihr ausgezeichnetes Werk hat große Freude bereitet. Das ist es, was heute so unbedingt notwendig ist, denn wir müssen mit allen Mitteln das Bewußtsein wecken, das in dumpfen Vorurteilen versunken ist und von den Schrecken dieser Zeit erdrückt wurde. Leuchtet doch schon die Morgenröte des neuen Zeitalters, und wir müssen ihr mit erwachtem Geist begegnen. Ich erwarte mit Ungeduld die Fortsetzung Ihrer Arbeit, die gedruckt und weit verbreitet werden sollte. Ihre Arbeit, welche die Daseinsfragen so klar darlegt, ist sehr wertvoll, und wir hoffen, daß Sie in dieser Richtung fortfahren werden. Die Lehre des Lebens enthält ja doch so viele neue, noch unbearbeitete Themen." *

Zum Abschluß dieses Nachworts ist noch zu bemerken, daß die Bewegung des Agni Yoga ungeachtet ihrer raschen Ausbreitung in einer Reihe von Ländern Amerikas und Europas (und ganz besonders im Osten Europas – in Rußland, in Lettland und so weiter) um ihrer selbst willen wohl nicht eine so große Beachtung verdiente, wenn nicht eine andere okkulte Strömung mit ihr in besonderer Weise verbunden wäre, die vor allem im Westen weite Verbreitung gefunden hat, das ist die von der Engländerin A. Bailey begründete Strömung, die unter dem Namen „New Age" bekannt ist.

---

* Dieses Zitat ist dem Vorwort des ersten Bandes von Kalisowskijs Arbeit entnommen.

Beide Strömungen sind aus ein und demselben okkulten Zentrum hervorgegangen, dessen Leitung die Russin H. Roerich nach Osten sandte, um, aus Indien, durch Tibet und die Mongolei kommend, ihre Lehre in Rußland zu verbreiten, und die Engländerin A. Bailey zur gleichen Zeit nach Westen, um dieselben Ziele durch Amerika zu erreichen. (Die okkulte Bewegung von A. Bailey wird im zweiten Teil dieser Arbeit betrachtet werden, der gesondert herausgegeben wird.)

Wenn wir beide Strömungen als zwei einander ergänzende Teile *eines* umfassenden *Planes* ansehen, dann können wir den wahren Maßstab des Geisteskampfes erahnen, der im 20. Jahrhundert im Verborgenen, hinter den äußeren Ereignissen, gegen „den eigentlichen *Sinn der Erde*" geführt wird, der „in der Erkenntnis und Verwirklichung der Absichten des *lebendigen Christus*" besteht (Rudolf Steiner).

Und wenn es die Aufgabe der Anthroposophie heute ist, bei der baldigen Realisierung dieser höchsten Absichten zu helfen, so muß der erste Schritt in dieser Hinsicht sein, so klar und tief als möglich die Bedeutung und den wahren Sinn des hier geführten Kampfes *zu verstehen,* in dem auch alle Anthroposophen mitten drinnen stehen. Die Entwicklung eines solchen tieferen Verständnisses möchte diese Arbeit fördern.

Anhang I

Zu Seite 16

Über die Befreiung Blavatskijs aus okkulter Gefangenschaft durch indische Okkultisten äußerte Rudolf Steiner: „Nun erfuhren von dieser Sache [davon, daß Blavatskij in okkulte Gefangenschaft geraten war] gewisse indische Okkultisten, die ihrerseits wieder sehr der linken Seite zuneigten [das heißt in okkulter Terminologie: zum „linken", egoistischen Weg gehörten], die vor allen Dingen ein Interesse daran hatten, den Okkultismus, der durch H. P. Blavatskij in die Welt kommen konnte, so zu drehen, daß er im Sinne dessen, was diese indischen Okkultisten als Sonderinteressen hatten, wirken konnte in der Welt" (GA 254, 11.10.1915).

Die Möglichkeit einer solchen Wendung von den allgemein-menschlichen Interessen, wie sie Blavatskij in der „Entschleierten Isis" verfolgte, zu den Sonderinteressen der „tibetisch-indischen" Mahatmas, die in ihrem Hauptwerk, der „Secret Doctrin", besonders stark hervortreten, hat ihre tieferen Wurzeln in der karmischen Schuld des Westens aufgrund der „unzähligen Ungerechtigkeiten", die er im Laufe der Jahrhunderte dem asiatischen Osten zugefügt hat. Dazu sagte Rudolf Steiner: „...und das einstmals in seinem Okkultismus niedergedrückte Indien rächte sich karmisch, indem es bei der ersten Gelegenheit, wo Okkultismus im Westen auftrat, diesen Okkultismus mit seinem eigenen nationalen, egoistischen Okkultismus durchsetzte. Und das geschah zu Helena Petrowna Blavatskys Zeiten... Ihr erstes Werk, die ,Entschleierte Isis', zeigt nur das ganz Chaotische und Unlogische und Leidenschaftliche und Durcheinanderwerferische ihres Wesens, zeigt aber überall, daß hinter ihr wachende Mächte stehen, die sie nach dem allgemein Menschlichen hinführen wollen [gemeint sind die Rosenkreuzer, siehe Seite 13]. In der ,Secret Doctrin' waltet überall neben dem selbstverständlich Größten menschliches Spezialinteresse, solches Interesse, das ausgeht von gewissen okkulten Zentren, die nicht heute das allgemein-menschliche Interesse im Auge haben, sondern ein partielles, ein Spezialinteresse. Tibetanische, indische, auch ägyptische Einweihung von heute* haben überall partiell menschliches Interesse nur im Auge, wollen nur an der westlichen Welt den unterdrückten östlichen Okkultismus rächen, wollen die Tatsache rächen, daß die westliche Welt durch materialistische Faktoren über die östliche Welt gesiegt hat."

Hier ist unter „gewissen okkulten Zentren" das Hauptzentrum der Mahatmas im Himalaya zu verstehen sowie die mit diesem verbundenen Klöster und Ashrams und unter der „tibetanisch-indischen Einweihung" die wichtigste Quelle der „Secret Doctrin" wie auch der gesamten theosophischen Lehre (in ihrer zweiten Entwicklungsphase), die nach den Worten von H. Pisarewa, der bekanntesten russischen Biographin

* Im 14. Band von „Agni Yoga" teilt der H. Roerich diktierende Mahatma mit, daß „auch der letzte ägyptische Ashram in den Himalaya verlegt werden mußte" (§ 19, Mos. II).

von Blavatskij (siehe Anhang II), „die Ansicht einiger Gruppen von *tibetischen Buddhisten* darstellt", in der Blavatskij „die Idee der Evolution und Vervollkommnung sowie die Erklärung der Weltentstehung" vereinigte, die sie „dem *Brahmanismus* entlehnte".*

In einem der weniger bekannten Werke Blavatskijs kann man eine ganz unerwartete Bestätigung solcher egoistischen und sogar politisch verbrämten Gruppeninteressen der Mahatmas vom Himalaya finden. In ihrem Buch „Aus den Höhlen und Urwäldern Hindostans", das aus Reisenotizen besteht, die Blavatskij in den achtziger Jahren des vorigen Jahrhunderts für eine russische Zeitschrift verfaßte, beschreibt sie eingehend ihre Begegnungen und Gespräche mit einem der Mahatmas, der sie und ihre Gefährten streckenweise während ihrer Reisen in Indien begleitete. In dem Buch wird er Gulab-Lall-Singh genannt, hinter dessen Gestalt sich der Mahatma Kut Humi verbirgt, der in seinen Briefen an Sinnett auch oftmals mit dem Namen Lall-Singh unterschrieb, obwohl H. Roerich in einem ihrer Briefe (HR II, 14.8.1936) behauptete, daß Blavatskij in der Gestalt des Lall-Singh einen anderen Mahatma beschrieb – den Mahatma Moria. Wie dem auch sei: Hier ist etwas anderes von Bedeutung. In einem Gespräch mit einem amerikanischen Expeditionsmitglied, der „Oberst O." genannt wird (wahrscheinlich handelt es sich hier um Olcott), sagt Blavatskij über Kut Humi (oder Moria) Lall-Singh: „Ich kenne ihn besser als ihr... Dankt dem Schicksal dafür, daß er

* H. Pisarewa, „Die Mission Blavatskijs, die Theosophie und die Theosophische Gesellschaft", Artikel, veröffentlicht in dem Sammelband „Aum", New York, Moskau 1989.

eine noch nie dagewesene Ausnahme mit uns macht [das heißt: zwei „Weiße“ als seine okkulten Schüler annimmt], da er sieht, daß wir mehr als alle anderen ihm bedingungslos und heiß ergeben sind, und vielleicht noch mehr wegen unserer aufrichtigen Sympathie für sein Volk und wegen unserer Achtung für seine Heimat als wegen des ersteren, obwohl wir beide zu der von ihm gehaßten und verachteten ‚weißen Rasse‘ gehören. Fordert nicht von ihm, was er uns nicht geben kann und nicht zu geben wagt, und seid mit den Brosamen [an Weisheit] zufrieden, die er uns auf den Weg wirft.“ *

Die hier angeführten Worte über die von den Mahatmas „gehaßte und verachtete weiße Rasse“, unter der man die gesamte westliche, europäisch-amerikanische Menschheit zu verstehen hat, entsprechen sinngemäß und besonders, was die Stimmung betrifft, der oben angeführten Äußerung Rudolf Steiners über das Bestreben der „tibetisch-indischen“ Eingeweihten, „an der westlichen Welt den unterdrückten östlichen Okkultismus [zu] rächen“.

---

* H. P. Blavatskij, „Aus den Höhlen und Urwäldern Hindostans“, Kiew 1991, Kap. XXIX.

Anhang II

zu Seite 17

Die bekannte Biographin von H. P. Blavatskij, H. F. Pisarewa, ihre russische Nachfolgerin, eine aktive Theosophin und Übersetzerin vieler theosophischer Veröffentlichungen in die russische Sprache, beschreibt *aus theosophischen Quellen,* wie Blavatskij von den Mahatmas als Mittlerin zwischen ihnen und der westlichen Welt ausgewählt wurde, folgendermaßen*: „Diese Frage [der Verbreitung okkulter Lehren des Ostens im Westen] wurde in dem Lama-Kloster Galaring Scho nahe Schigazse besprochen, das sich an der Grenze zwischen China und Tibet befindet.** Es erörterten diese Fragen Philosophen-Asketen, die, durch Meditation vergeistigt, in der menschlichen Hierarchie weit über uns stehen..."

Die meisten Teilnehmer unterstützten diesen Gedanken jedoch nicht – nach Aussage von Pisarewa –, und nur zwei von ihnen äußerten sich positiv dazu.

---

* H. F. Pisarewa, „Die Mission Blavatskijs, die Theosophie und die Theosophische Gesellschaft", im Sammelband „Aum", New York, Moskau 1989. In der Anmerkung zu dem Brief vom 23.10.1936 (Bd. II) hebt H. Roerich ihre Biographie von H. P. Blavatskij besonders hervor.

** Später besuchte auch das Ehepaar Roerich während seiner Himalaya-Expedition diesen Ort. In dem Buch „Das Herz Asiens" (herausgegeben in Minsk 1991) schreibt N. Roerich, freilich ohne das Kloster Galaring Scho zu erwähnen: „In der Nähe des Gebietes von Schigazse, an den malerischen Ufern des Brahmaputra... bestanden noch vor kurzem Ashrams der Mahatmas des Himalaya."

„Das waren zwei Inder: Moria, ein Nachfahre der Herrscher vom Pandschab, und Kut Humi aus Kaschmir. Sie übernahmen die Verantwortung, einen Boten auszuwählen und ihn nach Westen zu senden, damit er dort die *Philosophie des Brahmanismus* verbreite und einen Teil der Geheimlehre in bezug auf die Menschennatur offenbare... Und ihre Wahl fiel auf H. P. Blavatskij ... Und warum gerade auf sie und nicht auf einen anderen Menschen, der über ein größeres Gleichgewicht verfügte sowie Überzeugungskraft, disziplinierte intellektuelle Fähigkeiten und weniger Leidenschaftlichkeit – Eigenschaften, an denen es H. P. Blavatskij mangelte?" Auf diese von ihr selbst gestellte Frage gibt H. Pisarewa später folgende Antwort: „Sie [Blavatskij] wurde wegen ihrer ungewöhnlichen mediumistischen Begabung ausgewählt, wegen der besonderen übernormalen Eigenschaften, die sie von Kindheit an zeigte. Diese Fähigkeiten machten es möglich, daß sich die Lehrer Moria und Kut Humi leicht auch über weite Entfernungen mittels eines gedanklichen Telegraphs mit ihr in Verbindung setzen", das heißt ihr höhere Erkenntnisse mittels eines mediumistischen Diktats und astralen Befehls mitteilen konnten, die dann bei der Niederschrift der „Secret Doctrin" und dem Erscheinen der sogenannten „Briefe der Mahatmas" die Hauptrolle spielten. Aus demselben Grunde sagte Blavatskij auch oftmals zu ihrer Schwester A. Zelikowskaja, daß sie die Ideen, die in ihren Werken enthalten seien, mit „ihrem eigenen Verstand" niemals erreichen könnte"*.

* Auszüge aus den Erinnerungen Zelikowkskajas über die Gespräche mit

Anhang III

zu Seite 41

Von den Versuchen einiger Tibeter, nach Rußland zu gelangen und seine Politik in bezug auf Asien und Europa zu beeinflussen, zeugen die folgenden Tatsachen.

Im letzten Drittel des 19. Jahrhunderts kamen zwei Brüder burjätischer Herkunft, die direkte Nachfahren Dschingis-Khans waren, von Tibet nach St. Petersburg. Der eine war ein Lama, der andere ein Arzt, ein Spezialist der tibetischen Medizin. Der russifizierte Name des letzteren war Pjotr Badmajew. In St. Petersburg gründeten die Brüder die erste tibetische Apotheke und eröffneten eine Arztpraxis. Von 1875 bis 1892 behandelte Badmajew fast eine Viertelmillion Patienten in seiner Apotheke, was zur Folge hatte, daß Zar Alexander III. ihm den Titel Hofrat verlieh.

Nachdem so eine Verbindung mit dem Petersburger Hof entstanden war, unterbreitete Badmajew alsbald dem Zaren schriftlich einen Plan der gewaltfreien Vereinigung des russischen Imperiums mit China, der Mongolei und Tibet und erbat von ihm lediglich die notwendige materielle Unterstützung – für den Anfang zwei Millionen Goldrubel, mit deren Hilfe er dann zur Verwirklichung seines Vorhabens das russisch-asiati-

---

Blavatskij sind in der Zeitschrift „Wissenschaft und Religion“, Nr 9, 1991 enthalten.

sche Handelshaus P. A. Badmajew & Co. gründete. Der Plan sah folgendermaßen aus: Es sollte die in breiten Schichten des chinesischen Volkes verbreitete Unzufriedenheit mit der in jener Zeit in China herrschenden mandschurischen Dynastie genutzt und mit Hilfe kluger Propaganda und Bestechung sowie, wenn nötig, durch Unterstützung eines kleinen russischen Heereskontingentes „der strategische Punkt [der Stadt Lanchzou-fu] ohne Blutvergießen genommen werden. [Denn] von diesem Punkte aus ist es sehr einfach, Einfluß auf ganz China, Tibet und die Mongolei zu nehmen". (Aus den Aufzeichnungen von P. Badmajew, welche er am 13. Februar 1893 dem Zaren Alexander III. unter dem Titel „Von den Aufgaben der russischen Politik im asiatischen Osten" vorlegte.)

Zunächst schrieb der Finanzminister Witte, der Badmajews Plan unterstützte, seinerseits Alexander III. das Folgende über jenes Projekt: „Alle Maßnahmen müssen, wie bereits erwähnt, einen vollständig privaten Charakter haben und ohne jegliche Publizität vorgenommen werden, nur mit materieller Unterstützung" (Aktennotiz vom 27.2.1893). Und ebenda weiter: „Wenn das Unternehmen den von P. Badmajew erhofften Erfolg hat, wird Rußland von den Ufern des Stillen Ozeans und den Höhen des Himalaya aus nicht nur die asiatischen, sondern auch die europäischen Angelegenheiten bestimmen." *

Das Geld für die Verwirklichung von Badmajews Plan reichte jedoch allem Anschein nach nicht aus, und so wandte er sich abermals um finanzielle Unterstüt-

---

* Später, vor Ausbruch des Ersten Weltkrieges, trat Witte gegen die Pläne Badmajews auf.

zung an den Zaren, diesmal an Nikolaj II., der inzwischen auf den Thron gekommen war. Im Brief vom 19.12.1896 schrieb Badmajew, wobei er den Zaren mit allen Mitteln von den politischen Vorteilen seiner Unternehmungen zu überzeugen suchte: „...meine Tätigkeit hat zum Ziele, daß Rußland einen größeren Einfluß auf den mongolisch-tibetisch-chinesischen Osten habe als die anderen Staaten.“ Ganz besonders strebte Badmajew danach, den Engländern im Osten entgegenzuwirken. Im Zusammenhang damit schickte er sogar dem Zaren ein besonderes Schreiben mit dem Titel „Über den Widerstand gegen die Engländer in Tibet“. Darin schrieb er unter anderem: „Tibet als das höchste Plateau Asiens, das den asiatischen Kontinent beherrscht, muß unbedingt in den Händen Rußlands sein. Wenn Rußland diesen Punkt beherrscht, kann es gewiß England zwingen zu verhandeln.“

Trotz alledem zerfiel das Unternehmen bald, da es Badmajew nicht gelang, weiteres Geld von Nikolaj II. zur Verwirklichung seines Projektes zu erhalten. Es ist nicht ausgeschlossen, daß Rasputin, der auf jede Weise versuchte, gegen den tibetischen Einfluß auf den willensschwachen Zaren zu wirken, hier eine entscheidende Rolle spielte.

Als die hauptsächliche Erfolgsgarantie für das Unternehmen sah Badmajew jedoch die Tatsache an, daß in der Mongolei, in China und Tibet die Legende vom „weißen Zar“ weit verbreitet war, der vom Norden kommen und die mit Füßen getretenen und verfallenden Traditionen des wahren Buddhismus wieder aufrichten sollte. In seinem oben zitierten Schreiben an Alexander III., „Von den Aufgaben der russischen Politik im asiatischen Osten“, führt er einige dieser Legenden an. Eine davon ist besonders interessant, von der es in dem Schreiben heißt: „Es wird auch das Erscheinen einer weißen Fahne aus Rußland in der Mongolei im siebenten Jahrhundert nach dem Tod von Dschingis-Khan erwartet, der 1227 starb."

Fügen wir nun 700 Jahre zu 1227 hinzu, kommen wir zu dem Jahr 1927, an dessen Beginn die transhimalayanische Expedition, an deren Spitze N. Roerich stand, schließlich aus Moskau unter dem Tangka (der Fahne) von Schamballa die mongolische Hauptstadt Ulan Bator erreichte. Hier veröffentlichte H. Roerich den dritten Band von „Agni Yoga", „Die Gemeinschaft", mit den vielen in ihm enthaltenen Lobpreisungen Lenins und der Bolschewisten durch die Mahatmas des Himalaya, sowie auch das Buch „Die Grundlagen des Buddhismus" (siehe Seite 61). Wenn wir nun noch in Betracht ziehen, daß Roerich davon sprach, daß er in die Mongolei reiste, um dort einige „Aufträge der Mahatmas" zu erfüllen (HP), so ergibt sich eine Beziehung zwischen dem Wirken von Badmajew und demjenigen Roerichs, hinter welchem in beiden Fällen ein und derselbe Impuls der Okkultisten vom Himalaya stand.

Und schließlich läßt sich der Plan Roerichs zur „Vereinigung Rußlands" mit der großen buddhistischen Welt mit Hilfe der Mahatmas (HP), von dem er im Auftrag letzterer eingehend mit dem Volkskommissar für Auswärtige Angelegenheiten, Tschitscherin, im Jahre 1926 in Moskau sprach und von dem H. Roerich, wenn auch mit anderen Worten, in ihren Briefen an Präsident Roosevelt schrieb, im Grunde schon in den Briefen Badmajews an die russischen Zaren finden.

Dieselbe Tendenz ist aber auch schon im Wirken

von Blavatskij zu beobachten, insofern sie sich in ihrer letzten Lebenszeit unter dem immer stärker werdenden Einfluß der tibetisch-indischen Okkultisten befand. Rudolf Steiner sagte in dem Zusammenhang: „Aber einer dieser Faktoren [die Blavatskij beeinflußten] war eben der, welcher Indien an Asien anschließen wollte [das heißt an die Mongolei, Tibet und China], um ein asiatisch-indisches Imperium mit Hilfe des russischen Reiches zu schaffen. Und so bekam diese Lehre [der Blavatskij] den indischen Einschlag, um auf diese Weise geistig das Abendland zu besiegen. Sehen Sie, das ist ein einseitig egoistischer, national-egoistischer Einschlag." (GA 258, 14.6.1923) Und die dreijährige Himalaya-Expedition des Ehepaares Roerich mit ihrer Kulmination – dem Besuch Moskaus – sollte auch diesem Ziele dienen.

Aber kehren wir zu Badmajew zurück. In St. Petersburg war mit ihm ein weiterer hochstehender Repräsentant Tibets verbunden, der Lama Agwan Dordzijew, ein Erzieher des 13. Dalai Lama. Mit dem Segen des letzteren eröffnete er im Jahre 1915 einen buddhistischen Tempel in St. Petersburg, der „Kalatscharka" gewidmet war, einer Lehre, über die der Sohn des Ehepaares Roerich, Jurij, später ein Buch schrieb. Die Begründung des ersten buddhistischen Tempels auf dem Boden des europäischen Rußland wurde damals auch von N. Roerich aktiv unterstützt.

Wahrscheinlich vor Beginn des Ersten Weltkriegs besuchte durch Vermittlung des Lama Dordzijew eine noch bedeutendere Persönlichkeit der tibetischen Welt an der Spitze einer burjätischen Delegation St. Petersburg: der Lama Lubsan Sandal Zydenow (*1842), der den im Osten sehr seltenen Titel „Dharma Radzi"

(„Zar der Lehre") trug. Man kann annehmen, daß die Verhandlungen in dieselbe Richtung führen sollten, die Badmajew bereits eingeschlagen hatte. Sie hatten jedoch einen bemerkenswerten „Erfolg", wovon die folgende Episode zeugt: Während des offiziellen Empfangs im Winterpalast, als Nikolaj II. in das Empfangszimmer trat, in dem sich die burjätische Delegation mit Zydenow an der Spitze befand, und als alle Anwesenden der Etikette entsprechend das Knie beugten, blieb allein der „Zar der Lehre" stehen. Seine Antwort auf die Frage nach dieser Unhöflichkeit lautete: „Der geistliche Zar verbeugt sich nicht vor dem weltlichen."

Daraufhin mußte die burjätische Delegation eine hohe Strafsumme zahlen, und über weitere Verhandlungen ist nichts bekannt. Am Vorabend der bolschewistischen Revolution wurde dann wohl in den okkulten Kreisen Tibets beschlossen, den Versuch zu unternehmen, die oben beschriebenen Ziele nicht durch den „weißen", sondern durch den „roten Zaren" zu erreichen, wovon der frühzeitige Besuch Lenins durch die Mahatmas in der Schweiz zeugt (siehe Seite 40) ebenso wie ihre Botschaft, die sie im Jahre 1926 durch N. Roerich der bolschewistischen Regierung sandten (siehe Seite 50f.).*

---

* Für diesen Anhang wurde folgende Literatur benutzt: „Hinter den Kulissen des Zarismus" (Archiv des tibetischen Arztes Badmajew), herausgegeben in Rußland 1925, der Artikel in der Zeitschrift „Wissenschaft und Religion" über Agwan Dordzijew vom 2.2.1990 sowie das Vorwort des kürzlich in Moskau wiederaufgelegten Handbuchs von Badmajew zur tibetischen Medizin.

Anhang IV
zu Seite 45

Eine besondere Bedeutung kommt in dem hier betrachteten Zusammenhang dem Schriftwechsel zu, den H. Roerich mit dem amerikanischen Präsidenten F. D. Roosevelt in der Zeit vom Oktober 1934 bis Januar 1936 führte. Neun Briefe an den Präsidenten wurden kürzlich in russischer Übersetzung aus dem Englischen in Moskau veröffentlicht. (Die Originale befinden sich in der Bibliothek von F. D. Roosevelt in New York.)* Ungeachtet ihres pathetischen Stils, des höchst verwikkelten Inhalts, vieler dunkler Anspielungen und schwer zu verstehender Stellen tritt jedenfalls ein Aspekt von auch hinter diesen Briefen stehenden Absichten recht deutlich hervor.

Dem Beginn des zweiten Briefes von H. Roerich ist zu entnehmen, daß von Seiten des Präsidenten Antworten erfolgten, in welcher Form dagegen, ob schriftlich oder mündlich durch Boten, ist unklar. Zudem unterschrieb Roosevelt am 15. April 1935 während dieses Briefwechsels im Weißen Haus den Kulturpakt N. Roerichs.

Schon im ersten und längsten ihrer Briefe (vom 10.10.1934), der bald nach der Rückkehr des Ehepaars

---

* Jahrbuch „Frieden durch Kultur“, Verlag „Sowjetskij pisatelj“, Moskau 1990.

Roerich aus Amerika nach Indien in das Kulu-Tal geschrieben wurde, wird mit aller Deutlichkeit darauf hingewiesen, daß diese Briefe im Auftrag und zeitweise sogar nach dem direkten Diktat der hinter H. Roerich stehenden Mahatmas geschrieben wurden (diese Teile sind im Original durch Anführungszeichen gekennzeichnet). Der erste Brief beginnt: „Herr Präsident! In der ernsten Stunde, wo die ganze Welt an der Grenze der Rekonstruktion steht und wo das Schicksal vieler Länder auf der kosmischen Waage gewogen wird, schreibe ich Ihnen von den Höhen des Himalaya, um Ihnen eine höhere Hilfe anzubieten. Eine Hilfe von derjenigen Quelle, die sich seit undenklichen Zeiten auf einem rastlosen Posten befindet, der den Gang der Weltereignisse beobachtet und in eine heilsame Richtung lenkt."

Weiter wird eine ganze Reihe von Beispielen in dem Brief aufgeführt, wo geheimnisvolle Persönlichkeiten von der Bruderschaft des Himalaya nach Europa und Amerika geschickt wurden, um auf das historische Schicksal der Menschheit Einfluß zu nehmen. So wurde der „erste Habsburger" von einem Ritter-Troubadour des norwegischen Königs Knut besucht, einem Unbekannten im Pilgergewande; Marie-Antoinette von dem Grafen St. Germain, der, nach Ansicht Roerichs, ebenso „Mitglied der Bruderschaft vom Himalaya" war.

Dann werden die Warnungen in dem Brief erwähnt, die verschiedene geheimnisvolle Persönlichkeiten aussprachen: gegenüber Napoleon, der Königin Viktoria, dem Schwedenkönig Karl XII.; auch wird von einer „ernsten Warnung" gesprochen, welche aus eben derselben Quelle der russischen Regierung zukam, und von den „traurigen Folgen ihrer Nichtbeachtung“ und so fort. Weiter wird von dem Rat gesprochen, den ein ungenannter Professor D. Washington gab; und von dem entscheidenden Auftreten des geheimnisvollen Unbekannten bei der Annahme der Unabhängigkeitserklärung Amerikas und so fort. Diese ziemlich lange Aufzählung endet mit den Worten: „So kann man in der Geschichte ein Zeuge dessen werden, wie vielgestaltig sich Hilfe, Warnung und Rat von der höchsten Bestimmung zeigt. Und diese Ratschläge, die von einer Hohen Quelle ausgingen, waren stets leicht zu verwirklichen, und sie schadeten niemals dem Land, für das sie bestimmt waren.“ Heute „steht nun ein Rat für Amerika bereit, und es wird ihm gut tun, ihn zu befolgen, denn es gibt viele Beispiele für traurige Folgen im Falle der Ablehnung“. Nach dieser langen Einleitung wendet sich H. Roerich nun direkt an den Präsidenten: „Sie können nicht nur ein Regent, sondern ein wirklicher großer Führer sein. Von jetzt an bietet Ihnen die Mächtige Hand aus eben dieser einheitlichen Quelle Hilfe an, und die Feurigen Botschaften können das Weiße Haus aufs neue erreichen.“

In dem folgenden Brief vom 15.11.1934 schrieb H. Roerich: „Mein Herz freut sich, Ihnen die folgenden Großen Worte zu übermitteln: Ungeachtet der Opposition gab es in dem Lande keinen Präsidenten, der mehr geliebt wurde. Sein Ruhm wird wachsen. So ist das vorherbestimmt.“ Und dann fährt sie fort: „Und jetzt werde ich die empfangenen Hinweise wörtlich zitieren...“

Im ganzen gesehen ergibt sich aus diesem und den weiteren Briefen das allgemeine Bild des Charakters der Absichten der hinter H. Roerich stehenden „Einzigen Quelle", das aus folgenden Elementen besteht:

a) „Das Land – die USA – soll nicht abrüsten, im Gegenteil, seine Macht soll empfunden werden. Und wenn auch die Nation gegen die Rüstung sein mag, so darf nicht nachgegeben werden, denn niemand wird es wagen, einen starken Regenten anzugreifen." (Brief vom 15.11.1934) – Und in einem anderen Brief (vom 27.12.1935): „Amerika muß als eine mächtig bewaffnete und ausgerüstete Großmacht dastehen."

b) „Alle Kosmischen Bedingungen sind für geheime Verhandlungen des Präsidenten günstig, die nicht durch die Presse oder durch diejenigen, die ihn umgeben, verlautbart werden dürfen. Und deshalb sollte der Präsident durch jene wirken, die ihm ergeben und aufrichtig zugetan sind. So blicken wir auf die Bildung eines Bundes hin, der in der Zukunft das s[üdliche] A[merika] mit den USA verbinden wird, und der Begründer dieses großen Staates wird der Pr[äsident] R[oosevelt] sein. Dieser Große Bund ist vorher bestimmt und wird verwirklicht werden." (Brief vom 27.12.1934) – Weiter wendet sich H. Roerich abermals direkt an den Präsidenten: „Ja, der Pr[äsident] wird der Große Vereiniger dieses mächtigen Landes sein, dem es bestimmt ist, eine Große Rolle auf der Kosmischen Waage zu spielen. Diese Lebensfrage wird entschieden werden und Hilfe wird dem Pr[äsidenten] gewährt werden."

c) „Aber die Aufmerksamkeit des Präsidenten muß sich dem Osten zuwenden. Wenn wir vom Osten sprechen, meinen wir auch Rußland... Ein großer Staat entsteht im Osten. Dieser Beginn führt dasjenige Gleichgewicht herbei, das so unabweisbar notwendig ist für die Schaffung der großen Zukunft... Und so ist die Zeit für die Neugestaltung des Ostens gekommen, und es möge Freunde des Ostens in Amerika geben. Das Bündnis der Völker Asiens ist eine entschiedene Sache, der Bund der Stämme und Völker wird sich stetig verwirklichen, es wird das etwas wie ein Staatenbund sein. Die Mongolei, China und die Kalmücken werden ein Gegengewicht gegen Japan bilden, und bei dieser Vereinigung der Völker wird Ihr Guter Wille unabdingbar sein, Herr Präsident." (Brief vom 4.2.1935) – Dieser „Gute Wille" sollte insbesondere, nach Ansicht der hinter H. Roerich stehenden Mahatmas, „das [vor Hunger] darbende China" retten (Brief vom 15.4.1935).

Aus den angeführten Auszügen folgt die Notwendigkeit der größtmöglichen militärischen Stärkung Nordamerikas sowie der Unterordnung Südamerikas unter seine Macht. Das so vereinigte Amerika muß dann, der Idee der Mahatmas folgend, einen westlichen Weltblock bilden. Auf der anderen Seite muß ein östlicher Weltblock entstehen, der von Rußland, China, der Mongolei und dem Land der Kalmücken gebildet werden wird (einschließlich Tibets, siehe Anhang III).

Die Beziehung dieser zwei Weltblöcke wird weiterhin sehr widersprüchlich charakterisiert. Einerseits „wird das sogenannte Rußland Amerika im Gleichgewicht halten, und nur bei einer solchen Konstruktion wird der Friede in der ganzen Welt ein gelöstes Problem sein" (Brief vom 4.2.1935). Anderseits heißt es in demselben Brief: „Amerika ist schon seit langem mit Asien verbunden. Die alten Verbindungen wurden unter den günstigen Konfigurationen der Sterne gekräftigt. Das, was von den Kosmischen Gesetzen vorgesehen ist, wird unentrinnbar entstehen. Niemand vermag den Weg der Erleuchteten aufzuhalten oder zu blokkieren. Und folglich muß jedermann die Wahrheit anerkennen, daß es den Völkern, welche den größten Teil Asiens einnehmen, bestimmt ist, auf die Freundschaft Amerikas zu antworten. Der Präsident kann den Rat des Glücks annehmen. Die Kräfte des Präsidenten mögen zur Befestigung der Situation eingesetzt werden. Der Präsident kann mit fester Hand in der vorbestimmten Zeit seine Völker zu dem Bund hinlenken, welcher das Gleichgewicht der Welt herbeiführen wird. Man kann kleine Maßnahmen anwenden, muß aber zu großen streben. Wir schicken diese Botschaft, die den Willen des Präsidenten stärken und ihn entsprechend den Strahlen der Erleuchteten führen kann." Hier wird man an die Worte von N. Roerich in seinem Buch „Das Herz Asiens" erinnert: „Die Höhen Asiens und die Höhen Amerikas reichen einander die Hände..."*

Und am Schluß ihrer Botschaft übermittelt H. Roerich die folgenden Worte der hinter ihr stehenden Mahatmas: „Unser Strahl ist über dem Präsidenten Roosevelt. Eine neue Morgenröte steigt über Amerika auf" (Brief vom 4.2.1935). Von ihr persönlich schickt sie ihm „das alte symbolische Bild des Gottes von Schamballa" mit der Bitte, dieses „mir [H. Roerich] heilige Bild anzunehmen und sich zu erinnern, daß der Strahl des Großen Gottes Euch geleiten wird...".

Ungeachtet der Verwickeltheit und Widersprüchlichkeit der Darstellung entsteht im ganzen gesehen

---

* Das Buch wurde 1991 in Minsk herausgegeben.

doch, wie schon gesagt, ein recht klares Bild von dem Einander-Gegenüberstehen und zugleich von der Vereinigung des Welten-Westens und des Welten-Ostens (vielleicht auch zunächst das eine und dann das andere). Das Resultat und endliche Ziel einer solchen Konstellation muß – wenn darüber freilich nicht direkt in den Briefen gesprochen wird – der *Ausschluß der schöpferischen Mitte, die von dem christlichen Europa repräsentiert wird,* aus der Menschheitsentwicklung sowie die Festigung des einmal sich engegenstehenden, dann wieder sich vereinigenden Welt-Dualismus sein im Sinne des Grundprinzips von Agni Yoga: der Vereinigung des materialistischen Westens mit der uralten, vorchristlichen Spiritualität des Ostens, was im okkulten Plan die Verwirklichung der den ganzen Planeten umfassenden Weltsynthese der ahrimanischen und luziferischen Mächte bedeutet mit dem nach Möglichkeit vollständigen Ausschluß des mittleren, christlichen Impulses (vgl. Seite 17 f.).

Anhang V

zu Seite 49

Von der Hartnäckigkeit und Konsequenz, die N. Roerich bei der Suche nach dem geheimnisvollen Manuskript zeigte, das die „Tatsache“ der Anwesenheit des Jesus Christus in Indien und Tibet bestätigt, zeugt die folgende Eintragung, die er eigenhändig in sein Reisetagebuch schrieb:* „Manuskripte über Jesus werden zunächst vollständig negiert. Selbstverständlich kommt die Negierung vor allem aus den Kreisen der Missionare. Dann kommen allmählich abgerissene, ängstliche Mitteilungen hervor, die schwer zu erlangen sind. Schließlich wird klar, daß alte Menschen in Ladakh (im nördlichen Kaschmir) von den Manuskripten hörten und wissen. Solche Dokumente wie die Manuskripte über den Christus und das Buch über Schamballa liegen am ‚allerdunkelsten‘ [geheimen] Ort.“

„An einem Tag drei Mitteilungen von einem Manuskript über Jesus... So wird über das Manuskript gesprochen. So kommen die Mitteilungen langsam ans Tageslicht. Die Hauptsache aber ist die ungewöhnliche Tiefe des Textes und die ausgezeichnete Einstellung von Seiten der Lamas im ganzen Osten ihm gegenüber! Ein guter und feinsinniger Inder sagte bedeutungsvoll über das Manuskript und das Leben Issas (Jesu):

---

* „Altai-Himalaya“, Tagebuch der Reise durch den Himalaya von N. Roerich 1925–1928. Verlag „Myslj“, Moskau 1974. Alle folgenden Zitate wurden dem 5. und 9. Kapitel entnommen.

‚Warum wird Issa während seiner Abwesenheit von Palästina immer nach Ägypten gesandt? Seine jungen Jahre waren selbstverständlich dem Studium gewidmet... Es ist nicht zu verstehen, warum es so heftig verneint wird, daß Issa auf dem Karawanenweg nach Indien in das Gebiet des heutigen Tibet gezogen ist!‘“

„Es kam ein Königs-Lama [aus Ladakh]... Im Gespräch wurde deutlich, daß die Königsfamilie die Handschriften über Issa kennt. Sie sagten sogar, daß viele Muslime sich dieser Dokumente bemächtigen wollten.“ – Und etwas später findet sich in demselben Tagebuch die Reaktion von N. Roerich auf die Gerüchte, die bis Moskau drangen, darüber, daß er schließlich das geheimnisvolle Manuskript gefunden habe: „In den Moskauer Zeitungen schreibt man, daß wir das Manuskript über den Christus ‚gefunden‘ hätten. Woher kommt diese Formulierung? Wie hätten wir etwas finden können, das schon längst bekannt ist? Aber wir fanden noch mehr. Wir konnten feststellen, daß die Formulierung ‚Jesus – ein Mitglied der Gemeinschaft‘ verstanden wird und im ganzen Osten lebt. Sowohl an den Grenzen Bhutans wie in Tibet, auf den Hügeln Sikkims, den Höhen von Ladakh [das heißt: in allen Gebieten, wo die Mahatmas vom Himalaya sich am häufigsten zeigten], den mongolischen Choschunas [Zelten], den kalmückischen Ulusas [Jurten] lebt der Text des Manuskripts. Er lebt dort nicht als Sensation von Feiertagszeitungen, sondern als ein festes, ruhiges Bewußtsein. Was für den Westen eine Sensation ist, das ist für den Osten ein altes Wissen. Wenn man Asien durchquert, kann man sich überzeugen, wie die Völker denken.“

Anhang VI
Abbildungen

Die Begegnung im Kreml, Moskau, zwischen M. Gorbatschew und S. Roerich, dem Sohn von N. und H. Roerich, im Mai 1987

E. Roerich, Anfang der zwanziger Jahre

N. Roerich im Roerich-Museum in New York
(Das Museum wurde am 17. 11. 1923 eröffnet)

N. Roerich mit dem Tankha (der Fahne) von Schamballa, darauf die Gestalt des Maitreya Buddha. Mongolei 1926

N. Roerich in tibetanischer Mönchskleidung

N. Roerich in seinem Haus in Kulu (Indien) in den vierziger Jahren. Über ihm auf dem Tuch das rote Zeichen des „Pakt Kultura“ von Roerich (Pakt zum Schutz der Kulturschätze)

Djawacharlal Nehru, Indira Gandhi, N. Roerich (von links) vor dem Hause Roerichs in Kulu im Mai 1942

Portrait von E. Roerich, gemalt von ihrem Sohn S. Roerich

S. Roerich, Portrait seines Vaters N. Roerich, als Herrscher von Tibet, gekleidet als Dalai Lama. Im Hintergrund der Palast des Dalai Lama in Lhasa, der Hauptstadt von Tibet.
Das Bild befindet sich im Roerich-Museum in New York

Liste der Abkürzungen

HP	H. Poljakowa, „Nikolaj Roerich", Verlag Iskusstwo, Moskau 1985.
PB	P. Belikow, W. Knjasewa, „Roerich", Verlag Molodaja Gwardija, Moskau 1973, in der Serie „Das Leben hervorragender Menschen".
NR	„Zündet das Herz an", Sammlung von Artikeln und Briefen aus verschiedenen Jahren von N. Roerich, Verlag Molodaja Gwardija, Moskau 1978.
HR I	H. Roerich, „Briefe 1929–1938", Band I, Riga 1940.
HR II	H. Roerich, „Briefe 1929–1938", Band II, Riga 1940.
BGM	H. Roerich, „Blätter aus dem Garten Morias", „Agni Yoga", Band I, Ausgabe der Roerich-Gesellschaft von Nowosibirsk, Nowosibirsk 1990.
MOS I	„Mosaiken des Agni Yoga", Band I, Auszüge aus den zwölf Bänden von H. Roerich, „Agni Yoga", Verlag Chelowneba, Tibilissi 1990.
MOS II	„Mosaiken des Agni Yoga", Band II, Auszüge aus Band 13, 14 von H. Roerich, „Agni Yoga", Verlag Chebwneba, Tiblissi 1990.
GE	H. Roerich, „Die Gemeinschaft", Band 3 von „Agni Yoga", Reprintausgabe der ersten Ausgabe von Ulan Bator von 1927, Moskau 1990.
BM	H. Roerich, „Blumen Morias", Gedichtsammlung, Verlag Chudožestwennaja Literatura, Moskau 1984.
UG	„Uguns", Zeitschrift in lettischer und russischer Sprache der lettischen Roerich-Gesellschaft, Jubiläumsnummer, herausgegeben im Januar 1990 aus Anlaß des 115. Geburtstages von N. Roerich.
MON	„Nicholas Roerich, Leben und Werk eines russischen Meisters", Monographie von Jacqueline Decter in Zusammenarbeit mit dem Nicholas Roerich Museum, Übersetzung aus dem Amerikanischen, Sphinx Medien Verlag, Basel 1989.

Anmerkungen

1 „Prawda" vom 15.5.1987. Dort ist auch eine Photographie veröffentlicht, die zeigt, wie Gorbatschew Swjatoslaw Roerich im Kreml empfängt.
2 Zitat aus dem Aufsatz von L. Schaposchnikowa, „Jahrhundertweisheit" in „Nauka i Religii" vom 2.2.1990.
3 Verlagsprospekt zu MON, Sphinx Verlag, Basel, in deutscher Sprache.
4 MON
5 ebd.
6 Siehe Manuskript von Barr, Teil III, veröffentlicht in GA 62 und GA 130, 27.9.1911
7 Siehe GA 131, 6.10.1911
8 Siehe Anm. 6
9 ebd.
10 GA 110, 12.4.1909 (I)
11 Siehe Anm. 6
12 GA 254, 11.10.1915 (ebenda das folgende Zitat)
13 GA 254, 18.10.1915
14 GA 254, 17.10.1915
15 ebd.
16 ebd.
17 ebd.
18 ebd.
19 ebd.
20 GA 254, 18.10.1915
21 Siehe Anm. 6
22 GA 254, 18.10.1915
23 ebd.
24 GA 172, 27.11.1916
25 BM
26 MOS I
27 HR II, 31.7.1937
28 ebd.
29 MOS I, Vorwort A. von Ter-Akopjan
30 BGM (ebenda die folgenden Zitate)
31 Siehe Anm. 29
32 MOS I, Anmerkungen, zusammengestellt von A. Ter-Akopjan.
33 HR I, 21.5.1935
34 MOS II
35 UG, Artikel von N. Roerich, „Das leuchtende Schamballa".
36 MOS I
37 GE
38 Siehe Anm. 29
39 GE (ebenda die folgenden Zitate)
40 Siehe Genaueres über die Geheimgesellschaften des Westens und ihre Beteiligung an der Vorbereitung des „sozialistischen Experimentes" in Rußland, das mit dem bolschewistischen Um-

sturz 1917 begann, in: Sergej O. Prokofieff, „Die geistigen Quellen Osteuropas und die künftigen Mysterien des Heiligen Gral“, Dornach 1989. Darin sind auch die meisten Äußerungen Rudolf Steiners zu diesem Thema angeführt.
41 PB
42 ebd.
43 Siehe Anm. 40
44 GA 195, 1.1.1920
45 Zit. nach HP
46 PB
47 N. Roerich, „Altai Himalaya“, Reisetagebuch 1923–1927, Verlag Mysl, Moskau 1974.
48 HP
49 Zit. nach HP
50 HP
51 GE (ebenda die folgenden Zitate)
52 Aus dem Artikel von D. Entin, des Direktors des N.-Roerich-Museums in New York, veröffentlicht in der Zeitschrift „Wissenschaft und Religion“, Nr 9, Moskau 1989, aus Anlaß seines Besuches in Moskau. An seinen Begegnungen mit den Anhängern und Verehrern Roerichs nahm auch der speziell angereiste Sohn des Künstlers, Swjatoslaw Roerich, teil.
53 HR I, 12.9.1934. Zitat aus einem Brief der Mahatmas in doppelter Übersetzung aus dem Russischen.
54 ebd.
55 HR II, 4.6.1937
56 HR II, 24.5.1936
57 HP
58 PB
59 Siehe Anm. 47
60 NR II, 17.12.1935
61 NR
62 ebd.
63 ebd.
64 GE
65 GA 196, 9.1.1920
66 HR I, 21.5.1935
67 HR II, 3.12.1937 und 5.4.1938
68 Siehe Rudolf Steiner, „Geheimwissenschaft im Umriß“, GA 13, Kap. „Die Weltenentwickelung und der Mensch“.
69 HR II, 3.12.1937
70 GE
71 Ähnliche Beschreibungen kann man in Büchern von A. Besant und Ch. Leadbeater finden.
72 GA 258, 15.6.1923.
73 HR I, 1.2.1935
74 GA 254, 18.10.1915
75 ebd. (ebenso das folgende Zitat)
76 MOS I
77 Worte von H. Roerich, angeführt im Vorwort von W. Sidorow zu GE
78 Siehe Anm. 6
79 Siehe GA 243, 20.8.1924, und GA 137, 12.6.1912
80 Siehe Anm. 6. Über den Zusammenhang der Bodhisattvas mit der Mondensphäre siehe in GA 227, 28., 29.8.1923.
81 Siehe Anm. 6
82 GA 107, 22.3.1909
83 Siehe GA 113, 31.8.1909,

und GA 264, 1.6.1907 (esoterische Stunde)
84 GA 143, 8.5.1912
85 HR I, 8.9.1934
86 HR I, 15.11.1934
87 HR II, 22.6.1936
88 HR II, 24.5.1936 und MOS I
89 HR II, 13.8.1938
90 HR II, 24.9.1935
91 HR II, 31.7.1937
92 GA 133, 20.6.1912. Siehe auch in GA 137, 12.6.1912. Genaueres über die Bedeutung Buddhas in der Vorbereitung des Erdenlebens des Christus siehe in GA 114
93 GA 131, 14.10.1911
94 GA 116, 25.10.1909, siehe auch Vorträge in GA 113, 114, 116 und 130
95 GA 28
96 GA 143, 8.5.1912
97 MOS I
98 ebd.
99 Siehe Anm. 35
100 HR II, 23.7.1936
101 HR II, 7.12.1935
102 HR I, 6.5.1934
103 HR I, 25.3.1935
104 ebd.
105 ebd. und HR II, 3.3.1936
106 HR II, 7.12.1935
107 HR I, 21.7.1934
108 HR I, 8.9.1934
109 GA 116, 8.5.1910
110 ebd.
111 GA 130, 27.9.1911
112 GA 143, 8.5.1912
113 MOS I
114 ebd.
115 HR I, 24.6.1935
116 ebd.
117 Siehe Anm. 35
118 ebd.
119 GA 254, 17.10.1915
120 ebd.
121 HR II, 7.12.1935
122 HR I, 20.4.1935
123 MOS I
124 HR I, 8.8.1934
125 HR I, 12.4.1935
126 HR II, 4.11.1935
127 GA 131, 14.10.1911
128 GA 118, 10.5.1910
129 GA 130, 21.9.1911
130 GA 123, 10.9.1910
131 GA 118, 6.3.1910
132 HR II, 30.8.1935
133 GA 130
134 HR II, 30.3.1936
135 GA 171
136 ebd.
137 Siehe Anm. 35
138 HR II, 2.4.1936
139 HR II, 30.3.1936
140 HR II, 2.4.1936
141 Siehe Anm. 32
142 MOS I
143 GA 109/111, 11.4.1909
144 ebd.
145 ebd.
146 Siehe GA 112, 6.7.1909
147 Siehe den Vortrag vom 1.10.1911 in GA 130: „Die Ätherisation des Blutes. Das Eingreifen des ätherischen Christus in die Erdenentwickelung"
148 ebd.
149 HR I, 30.4.1935
150 GA 130, 18.12.1912
151 HR I, 21.5.1935
152 Siehe GA 118
153 HR II, 23.4.1938
154 HR II, 1.10.1935 und 24.5.1936
155 Siehe GA 177
156 HR II, 31.7.1937
157 GA 254, 18.10.1915